ライバルに差をつけろ! 自主練習シリーズ

テニス

著　宮尾英俊
〔名古屋高校テニス部元監督〕

ベースボール・マガジン社

はじめに

　私が知る小学校、中学校、高校でテニスを始めた選手の多くは、強くなるために何をどう練習したらよいのかわからないと感じています。また、指導者もそういう選手たちに対してどう指導していったらよいか、試行錯誤していることが多いです。その気持ちはよくわかります。

　本書はそうした選手たちが指導者がいない環境であっても、やりたいと思ったときに自らテニスを始められ（進められ）、それぞれの技術やレベルに合ったページを選んで、自主的に練習ができるようにメニューを紹介しています。また、すでに競技を始めている選手たちだけでなく、これからテニスを始めたいと思っている「ゼロ」スタートの子供たちも「レベル1」として含め、メニューを用意しました。その上で、初心者は3ヵ月後の公式戦デビューに向けた取り組みを、続いて1回戦を勝ちたい、2・3回戦を勝ちたい、もっと勝ち進みたいと考えている選手、さらに全国大会を戦う上級者を「レベル5」として、5段階のメニュー構成にしました。

　いずれのレベルも基本と考え方は「試合が目標」で、試合への準備をどのように進めていくかを考えます。目標となる試合があると選手はやる気になり、日々の取り組みが具体的になります。そこに沿うように本書はありますので、選手も指導者も、選手のご家族も活用していただければと思います。

　試合を戦うと必ず結果が出ます。それを元に新たな課題を設定し、PDCAサイクル（Plan＝計画、Do＝実行、Check＝測定・評価、Action＝対策・改善）を回していき、次の目標、あるいは最終目標に向かって螺旋階段を上って行くイメージで継続してください。

名古屋高等学校テニス部元監督

宮尾英俊

本書の使い方

練習メニューページの見方

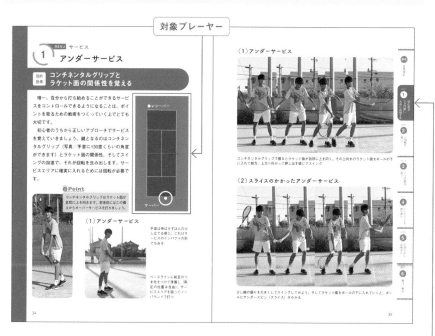

シングルスと ダブルスを合わせて 77種の練習メニュー

各レベルで取り組んでほしい技術と戦術のメニューを紹介しています。シングルスをベースに、サービス、フォアハンド＆バックハンド、リターン、ボレー、スマッシュが身につくことを含めた戦術メニューと、各レベルの最後にダブルスの戦術メニューも加えて、シングルスとダブルスの試合で勝つことを目標にしています。メニューは全部で77種、それぞれのレベルに「最適負荷」をかけています。

自ら主体的に練習する （応用する）

プレー環境は人それぞれです。コート面数、1面当たりの参加人数、練習時間、指導者の有無などの違いがあります。恵まれた環境にいる人は少なく、大多数は十分な環境が整っていないでしょう。そういう人たちでも上達できるようにこの本は、1人でも行える練習メニューから、大人数でも少しの応用でみんなで行える練習メニューまでを紹介しました。自らが主体的に練習することそれが自主練習です。自主練習を行うことによってみなさんが上達していくことを願っています。

5段階のレベル

本書は5段階のレベル設定をしています。「初心者（3ヵ月後の大会出場を目指す）」「1回戦を戦う」「2、3回戦を戦う」「トーナメントを勝ち進む」「全国大会に出場する」、この5つのレベルを各ページ右側のインデックスで色分けしました。自分のレベルのページを見るという想定をしていますが、基本に返りたいときは下のレベルを見たり、もっと力をつけたい、バリエーションがほしいときは上のレベルを見るなど挑戦してください。

もくじ

序章

目標設定

試合に勝つことを目標に
必要な技術・戦術に挑戦する

どのレベルでも勝つ選手に共通するのは、信頼できるショットを持っているということです。初心者なら、大会を戦うにはフォアハンドで返球することかもしれません。1回戦に勝つには安定したサービス、2、3回戦に勝つには相手を走らせるストローク、トーナメントを勝ち進むにはボレーやスマッシュを決めきることが必要です。ここに紹介する〈ピラミッド〉の頂点に向かっていくためには、それぞれの試合を勝ち抜くための信頼できる技術（スキル）と戦術を身につけることが必要です。

本書は、そのスキルを身につけるためのレベル別（すなわち目標別）のメニューを紹介しています。自分のレベルはどのあたりかと考えて該当ページを見ることになると思いますが、時に少し上のレベルのメニューに挑戦したり、時に下のレベルのメニューで基本をやり直して試合に臨むなどするのはよい方法です。

それから、各メニューの内容を自分流にアレンジすることもおすすめします。

本書はスペースの都合上、メニューを厳選して紹介していますが、それらのメニューの時間を工夫したり、負荷を変えたり、人数を調整するなど、レベルアップにつながるメニューはどういうものかを自分自身で考えて応用したり、進化させていってほしいと思います。

試合に強くなるためには、自分で主体的に考えて取り組むことが何より大切なことです。一朝一夕にはうまくいかないものですが、一日一日を積み重ねていくことで、昨日の自分より今日の自分、少しずつ変わっていくことができます。みなさんがピラミッドの頂点のほうを向いて、昨日より今日、よくなっていくことを応援しています。

あなたの目標はどこですか？

目標は「試合に勝つ」こと。

⑤
全国大会に出場する

④
**トーナメントを
勝ち進む**

③
2、3回戦に勝つ

②
1回戦に勝つ

①
初心者が3ヵ月後に大会に出場する

技術・戦術上達計画 | 全体像

　それぞれのレベルで試合に臨むにあたっての目標と、身につけてほしい技術修得のポイントを紹介します。また試合に勝つために、段階的に求められる戦術に必要な要素、①つなぐ、②相手を動かす、③よいポジションをとる、④自分の得意でプレーする、⑤相手の弱点をつく、ということを修得するための戦術修得のポイントも合わせて紹介します。ここにある内容を77種のメニューにして後述しています。

　各メニューの負荷は、プレーヤー自身の目標、課題設定の仕方によって変えてください。また球出しの仕方、練習時間、距離の工夫も重要です。これらについては別項で解説します。

目標	メニュー内容

① 初心者が3ヵ月後の大会に出場する

知識と技術を身につける

試合を目標に練習する
- 試合に出ることを目標にするとモティベーションが上がる
- 試合に出るための準備・練習をする

【知識】試合の進め方、ルールとマナーを学ぶ

【技術】サービス、グラウンドストローク、リターン、ボレー、スマッシュを覚える

- 信頼できるサービスとグラウンドストロークが身につけば、いきなり1、2回勝てるチャンスがある
- ボレーとスマッシュについては、最初の大会で使う場面は少ないが必ず必要になるものなので基本練習をしておく

目標	メニュー内容

② 1回戦を戦う

戦術 相手を動かす、最適なポジショニングを覚える
技術 基礎練習、得意なショットのブラッシュアップ

技術と戦術を同時に学ぶ
- 目標は簡単にミスしないこと
- 勝つためには得意なショットを多く使う（判断＋フットワーク）

✔ **サービスのフォーム安定と信頼できる回転（スライス or スピン）の修得**
- ダブルフォールトをしない

✔ **グラウンドストロークの安定**
- 正しいスピン回転の修得、打球の軌道（放物線）を高くしてネットミスをしない
- 最適なポジションに移動して打つ
- 得意なショット（主にフォアハンド）を使い、オープンコートや相手の苦手なコースを狙う
- ボールを打ったあとのリカバリー、最適なポジションで構える

✔ **ボレー、スマッシュの基本練習**
- 第1局面（序盤）、第2局面（中盤）、第3局面（終盤）の理解
- 必要なポジションどりと、ポイントを決めきるショットのイメージが持てるように

ラリー中の攻守の練習

- アタック（攻撃）、ラリー、ディフェンス（守備）、それぞれのゾーンの理解
- アタック（オフェンス）とディフェンスの攻防状況を把握する

✓ **ラリーの状況**

- 攻守拮抗で様子をうかがうラリー。正確性、展開力、ニュートラルゾーンをチェック
- 攻撃的ラリー。得意なショットを持ち、アタックゾーンで攻撃的ポジショニング
- 守備的ラリー。ディフェンスゾーンでのラリーで、
  ニュートラライズボール（攻め込まれた状況をゼロに戻すショット）を使えるように。
  対サービス、対ストローク、対ボレーとスマッシュ→パッシングまで

攻守に必要な技術・戦術を理解する

ブラッシュアップドリル

✓ **負荷を上げ、その中で動きを速め、守備範囲を広げる**
  （CCZ：コンタクト・コンフォート・ゾーン：" 足の力 " をパワーとして発揮できる範囲）

- ストロークの距離、スピード、回転をコントロールするドリル
- ボレーは、サイドラインまでの半面を 2 ステップでカバーする
- スマッシュは、ベースラインまでをカバーする

✓ **コースを隠す（同じフォームから打ち分ける）**

- ストロークはパスかロブか、ストレートかクロスか
- ボレーはドロップショットかロングボレーか、角度をつけるか否か

アプローチショットのパターン

✓ 相手の CCZ を崩して→崩れたら→意表をついて、ストライクゾーンで打たせない

- アプローチショットの種類を増やす（高いボール、低いボールを打ったり、
  ボディを狙ったり、回転を変えたり、タイミングを変えたり）

負荷の高いドリルによる各技術のブラッシュアップ（磨きをかける）

自分のプレースタイル（主戦術）の創造

✓ 得意な技術・戦術から自分のプレースタイルを創造する

❶ **フォアハンドが得意（攻撃的ストロークが主戦術）**

  ベースラインの 3 分の 2、4 分の 3 をフォアでカバーする。展開力とウィナーを修得する
  ストロークを強化する

❷ **ストロークとボレー、スマッシュが得意、相手の弱点をつく判断が的確（オールラウンド）**

  相手によって戦術を変える判断力・展開力を磨く。
  それを実践するための多彩な技術が必要となる

❸ **サービスが得意（サービスからの 3 球目攻撃が主戦術）**

  サービスのブラッシュアップ。レシーバーにストライクゾーンで打たせない（高いボール、
  低いボールを打ったり、ボディを狙ったり、回転を変えたり、タイミングを変えたり）
  サーブ＆ボレー、サービスダッシュ、ボレーとスマッシュの強化、
  サーブ＆攻撃的ストローク、ストロークの強化

目指すプレースタイルがある　負荷の高いドリルを行う

序章　目標設定

PART 1　初心者が 3 ヵ月後に大会に出場する

PART 2　1 回戦を戦う

PART 3　2、3 回戦を戦う

PART 4　トーナメントを勝ち進む

PART 5　全国大会に出場する

PART 6　磨け、自分

サービス

テニスは必ずサービスから始まり、シングルスでは1セットにつき1人約30〜50回打ちます。第1打ですから、どのレベルにおいてもたいへん重要な技術です。

初心者はサービスエリアに入れることを課題とし、上級者になるほど優位にラリーを展開するための戦術を考えた技術が必要です。サービスはほかの技術と違って自分でトスを上げ、自分のペースで打つことができます。つまり、いくらでも自ら練習することができ、練習した分、技術のレベルアップ、戦術や結果に大きく影響します。そう考えると非常に練習のしがいがあります。

目標	メニュー番号と内容
① 初心者が3ヵ月後に大会に出場する	①アンダーサービス
	②コンチネンタルグリップのサービス
	③ナチュラルスピン
② 1回戦を戦う	①ルーティーンを確立する
	②スピードと回転のバランスを調整する
	③3等分したサービスエリアを狙う
③ 2、3回戦を戦う	①正面向きサービスでスピードアップ
	②セカンドサービスで自分と勝負
	③サービスからの3球目(フォア)攻撃
④ トーナメントを勝ち進む	①落下地点ではなく到達地点にターゲット
	②10球中何球入るか確率を考える
	③サーブ&ボレー(チャンピオンゲーム)
⑤ 全国大会に出場する	①3球目攻撃❶サーブ&ボレー
	②3球目攻撃❷ドロップショット
	③立ち位置を変える
	④1st、2ndサービスの駆け引き
	⑤苦手なコースをなくす

序章　目標設定

PART **1** 初心者が3ヵ月後に大会に出場する

PART **2** 1回戦を戦う

PART **3** 2・3回戦を戦う

PART **4** トーナメントを勝ち進む

PART **5** 全国大会に出場する

PART **6** 磨け、自分

目的効果

コンチネンタルグリップとラケット面の関係性を覚える

アンダーサービスからオーバーサービスへつなげる

一つの打法をバージョンアップしてサービスを強化

いつも通りで再現性を高める

同じフォームで球種をつくり、1種類だけにしない

結果をフィードバックして修正を繰り返す

下半身の動きに制限をかけて、上半身のひねり戻しを引き出す

ゲーム感覚でコースを狙い、確率アップを図る

コースを狙い、レシーバーの返球を予測してポジションを移す

レシーバーが実際に打つ位置とボールの高さをコントロールする

ファースト、セカンドの確率を上げる習慣を身につける

サービスダッシュで戦術の幅を広げる

スプリットステップとディサイデッドステップでコースの判断＆瞬発的な動き

レシーバーの動きと予測の逆をつく

ポジションを変えて角度を利用する

一つのサービスフォームでスピード、スピンを駆使する

確率の低いコースを知り、確率を上げる

フォアハンド&バックハンド

トップスピン（順回転）とアンダースピン（逆回転）を打つ技術をしっかり身につけることは、将来のテニスの可能性を大きく広げることにつながります。初心者、初級者のうちから正しい技術を身につけることが理想ですが、中級以上のプレーヤ

ーも、ときに初級のメニューに戻り、精度の高い安定したストロークが打てるように練習しましょう。中級以上ではラリーの状況判断、相手との駆け引きといった「考えるテニス」を、メニューの負荷を上げながら行っていきます。

	目標	メニュー番号と内容
①	初心者が3ヵ月後に大会に出場する	④フォアハンドの基本
		⑤両手打ちバックハンドの基本
		⑥片手打ちバックハンドの基本
		⑦スライスの基本
②	1回戦を戦う	④ゴム紐でネットの高さを上げる
		⑤リカバリーをしながらロングラリー
		⑥ターゲットを設定してラリーする
③	2、3回戦を戦う	④打ち込み対ディフェンスラリー
		⑤ストライクゾーンで3回打つ
		⑥ニュートラライズボールを覚える
		⑦ボレーヤーの足下に沈むボールを打つ
④	トーナメントを勝ち進む	④ボレー対ストロークの突き上げ
		⑤アプローチショットでネットをとる
		⑥コースを変える（クロス、クロス、ストレート）
⑤	全国大会に出場する	⑥ベースライン後方3mでフォアのロングラリー
		⑦ベースライン上30秒間ラリー
		⑧全力で走ってランニングパス

目的効果

体をターン→移動→アドレス→スイングで打つ

体をターン→移動→アドレス→スイングで打つ

体をターン→移動→アドレス→スイングで打つ

回転とボール軌道を変える

ボール軌道と着地点のコントロール

オープンコートをつくらない

ボール軌道と着地点を意識する

攻める側も守る側も確実に返球する

ポジションを変えてもストライクゾーンで打つ

クロスのスライスとスピンを使い、時間をつくる

トップスピンとスライスで深さを変える

素早い準備でコースを隠す、選択肢を増やす

相手のバランスを崩してネットでポイント獲得

ボール軌道とリカバリーの速さを調整して攻守をコントロールする

下半身からエネルギーをもらい、ダイナミックにエッグボールを打つ

時間の負荷がある中で、素早く的確な判断、素早い動きを身につける

全力走の高い負荷から技術の精度を上げる

リターン

リターンは、サービス同様すべてのポイントで行われるもので、勝敗を直接左右する重要な技術です。ですから、それぞれのレベルでの基本技術（シングルスとダブルス）の修得を目指します。

レベルによりリターンの技術に差はありますが、共通して試合の場面では、サービスのスピード、コース、回転を予測して、「まず返す」、次に「深く返す」「コースを変える」「攻撃的に打つ」などの判断をしながらリターンを打っていくことが必要になります。

	目標	メニュー番号と内容
①	初心者が3ヵ月後に大会に出場する	⑧テリトリーと構え
		⑨球なりに打ち返す
②	1回戦を戦う	⑦最短距離で踏み込んでリターン
		⑧サービスを読む
③	2、3回戦を戦う	⑧サービスラインからのサービスを踏み込んでリターン
		⑨回り込みフォアハンドでストレートへ攻撃リターン
④	トーナメントを勝ち進む	⑦ストレートリターン
		⑧ブロックリターン（ロブ）
⑤	全国大会に出場する	⑨サービスダッシュとリターンダッシュ全国編
		⑩トップスピンロブでストレートリターン

目的効果

サービスを予測してテリトリー（守備範囲）のセンターに構える

ボールが来た方向へ返すのがもっとも安全なリターン

体重を後ろから前に移動する

体をターンしてストライクゾーンで打つ

ユニットターンと体重移動で素早い動きと大きなエネルギーを得る

プレッシャーがかかるセカンドサービスを攻撃する

ストレートリターンを確実にコントロールして展開する

リターンの選択肢を増やす

両者が同時にネットについてポイントを取りにいく

通常リターンと同じ構えからトップスピンロブ

ボレー

ボレーは、スマッシュとともにラリーを締めくくる大切なショットです。この技術を身につけているかいないかが、ポイントを締めくくれるかどうかにつながります。

ネットの近くで打つノーバウンドのショットですので、相手との距離は近く、相手から時間を奪うことのできる「決めるプレー」です。ですから初心者であってもボレーを使え

るようにすることは試合に勝つためにとても重要なことです。

中・上級者ではネットプレーを中心に戦うプレーヤーも多く、ストローク以上に重要な技術と言えるかもしれません。レベルアップするにつれて徐々に判断、動きの素早さ、正確さの負荷を上げていきます。ボレーはダブルスにおいては必須の技術です。

	目標	メニュー番号と内容
①	初心者が3ヵ月後に大会に出場する	⑩コンチネンタルグリップでボレー
		⑪2ステップボレー
②	1回戦を戦う	⑨ラケット面をセットして足で打つ
		⑩ネットにつめてボレーを決める
		⑪ラケット面をセットして足でボレーボレー
③	2、3回戦を戦う	⑩浮いたボールをネット際までつめて決める
		⑪同じテークバック(セット)からボレーを打ち分ける
		⑫フットワーク&ボレーボレー
④	トーナメントを勝ち進む	⑨ドライブボレーで押し込む
		⑩2球連続ローテーションボレー
		⑪20秒間ボレーボレー
⑤	全国大会に出場する	⑪アプローチ強打からネット対パス
		⑫アプローチショット2種からネット対パス

目的効果

- アンダースピンに慣れる
- フットワークでカバー範囲を広げる
- 確実にボレーを決める
- ネットより高い打点で決める
- フットワークで体をストライクゾーンに運ぶ
- ネットへ走り込んでボレーを確実に決めきる
- ラケット面の向きと腕の力の入れ方で数種類のボレーを打つ
- インパクトの形を安定させ、足でストライクゾーンに入る
- ゆるいボールに対して決定力を上げる
- ファースト、セカンドボレーのリズムとタイミングを覚える
- ボレーの正確性とスピードアップ
- 両者が抜くか沈めるかを瞬時に判断する
- ネットへのリズムをつくり相手のパスを読む

スマッシュ

　スマッシュもボレーと同じようにラリーを締めくくる（ポイントを終わらせる）ショットで、サービスから始まったラリーは、スマッシュで終わると言っていいくらい、ポイントを獲得できるショットです。このスマッシュが決まるか否かが、勝敗を大きく左右します。

　スマッシュは打法的にサービスとほぼ同じですので、サービスとスマッシュをレベルアップさせることは、試合に勝つための必須条件と言えます。

　初心者はまず打ち方を覚え、上級者ではロブをベースラインまでカバーしてスマッシュを打っていくフットワークを身につけます。ロブを見極める判断、動きの素早さ、ストライクゾーンに入る正確さなどの負荷を上げた練習をします。

	目標	メニュー番号と内容
①	初心者が3ヵ月後に大会に出場する	⑫サービスと同じが基本 ⑬フットワークで調整する
②	1回戦を戦う	⑫低いロブに対し上体を立ててスマッシュ ⑬3〜5歩、後退のフットワーク
③	2、3回戦を戦う	⑬連続手投げトスで時間負荷をかける ⑭つめてボレー、下がってスマッシュ
④	トーナメントを勝ち進む	⑫左右2箇所スマッシュ ⑬前後3箇所スマッシュ
⑤	全国大会に出場する	⑬ベースラインまで下がってスマッシュ

序章

目標設定

PART
1
初心者が
3カ月後に
大会に出場する

PART
2
1回戦を
戦う

PART
3
2回戦を
戦う

PART
4
トーナメントを
勝ち進む

PART
5
全国大会に
出場する

PART
6
磨け、自分

目的効果

瞬間的な判断と動きの速さにつながる

ロブの距離と時間を考えてタイミングを合わせる

上半身によるスイングの加速の獲得

進行方向に大きなステップで素早く下がる

時間負荷で技術力を上げる

ボレーと組み合わせて前後の動きと技術を高める

さまざまな場所から左右に上がるロブに動く

深さが違うロブに対して動く

ロブはすべてスマッシュで打つ

ダブルス

ダブルスはコートを2人でカバーしてプレーしますので、それぞれが守るべき範囲「テリトリー（後述）」とともに基本的なフォーメーションを覚えます。雁行陣（前衛と後衛）、平行陣（2人が横並びになる）のほか、アイ・フォーメーション（前衛と後衛がレシーバーに対して一直線に並ぶ）などの、サインプレーで前衛が仕掛けるものもあります。

中上級者では、ボールスピード、動きの速さ、技術の精度を上げる（特にボレーやスマッシュの）練習を行っていきます。各メニューの負荷は、選手自身の目標、課題設定の仕方によって変えてください。球出しの仕方、練習時間、距離の工夫が重要になります。

	目標	メニュー番号と内容
①	初心者が3ヵ月後に大会に出場する	⑭ダブルスのテリトリーを覚える❶
		⑮ダブルスのテリトリーを覚える❷
②	1回戦を戦う	⑭クロスラリーのポジショニング
		⑮ストレートラリーのポジショニング
③	2、3回戦を戦う	⑮ペアでボレーボレー、全員が足下を狙う
		⑯前衛は積極的にポーチに出てポジションチェンジ
		⑰アイ・フォーメーションにトライ
④	トーナメントを勝ち進む	⑭サービスダッシュとリターンダッシュ
		⑮ペアでボレーボレー
⑤	全国大会に出場する	⑭ストレートリターンからの展開
		⑮ペアのボレーボレー全国編

技術・戦術上達計画 6

目的効果

4人が各テリトリー（守備範囲）のセンターに構える

4人が各テリトリー（守備範囲）のセンターに構える

一球一球で攻撃・中立・守備の判断をする

一球一球で攻撃・中立・守備の判断をする

ローボレーは沈めてつなぎ、ハイボレーは決める

つなぎ球と決め球の判断力をつける

打ち合わせをして動き（スイッチ）を共有する

ファースト、セカンドボレーのリズムとタイミングを覚える

さまざまなネットプレー、状況を経験する

ペアでポイントを取る

実戦的ラリーであらゆる展開に対応

Column 1

大会前に勝負はほぼ終了している

名古屋高校テニス部のチームとしての目標は、インターハイ団体戦優勝、全国選抜高校テニス大会優勝です。選手のモティベーションは高く、勝ちたいという気持ちは、いつも私を上回っていたような気がします。練習が休みの月曜日を除いて、選手たちは毎日テニスコートで練習していました。中学生が80人、高校生が80人の合計160人の部員が6面のコートで練習します。グループ分けをして、レベル別、曜日別にスケジュールをつくり、分刻みでオンコートのドリル練習とオフコートでのトレーニングをします。3年前までの練習時間は、15時30分から19時までの3時間半。現在は16時30分から19時の2時間半です。この限られた時間を大切にし、ベストを尽くすことが名古屋高校生が目指す姿です。

私が大学4年生のとき、母校・筑波大学の太田芳郎先輩（大正15年の全日本選手権シングルス優勝者）に40年前の夏合宿で色紙を書いていただきました。

「勝敗は一球一球の積み重ねである、人生も亦然り一日一日の積み重ねである」

現在、名古屋高校の部室（コーチ室）に飾ってありますが、この言葉は私の座右の銘となっています。

名古屋高校は2時間半の練習を毎日毎日積み重ねて、大会の日を迎えます。大会会場に入ってジタバタしてもしょうがありません。勝負はそのときほぼ決まっているのです。会場では平常心でいつも通りの練習をして試合に臨みます。大会までの一日一日をどう過ごしたか、毎日を積み重ねることができたかどうかが大切なことなのです。

この考え方を表した言葉がもう一つあります。全米学生バスケットボール選手権を10度制しているジョン・ウッデン・ヘッドコーチは、成功の定義を次のように言っています。

「成功とは、なりうる最高の自分になるためにベストを尽くしたと自覚し、満足することによって得られる心の平和のことである」

たとえ大会で負けたとしても、自分自身が毎日頑張ったと思うことができればそれは成功であり、もし勝利が得られれば、それは副産物として有り難く受け取るのであると。私もそう思います。

（太田芳郎／東京高等師範・現筑波大学）

> 「勝敗は一球一球の積み重ねである、
> 人生も亦然り一日一日の積み重ねである」

第 **1** 章

初心者が3ヵ月後に
大会に出場する

試合のやり方を覚える

構成◎テニスマガジン

❶ テニスとは？

テニスはラケットとボールを使い、ネットを挟んだ相手と対戦するスポーツです。各ポイントは必ずサービスとリターンで始まり、第1打のサービスは対角線のサービスエリアに入れます。その後はコート全面を使い、コートの中にボールを入れ、どちらかがミスをするまで行います。

よくテニスはネットを挟んだ陣取り合戦にたとえられ、相手の陣地に攻めるための方法を考えます。相手に勝つための方法が「戦略」です。そして、どのように相手からポイントを奪うのか、その方法が「戦術」です。試合中は戦略のもと、戦術を考えながらプレーをします。

戦術を実行するための技術には、サービス、フォアハンド＆バックハンド、リターン、ボレー、スマッシュ、ロブ、アプローチショット（ネットにつめるためのショット）、ドロップショットなどがあり、ボールに対して回転をかけたり、回転量をコントロールして、スピードや高さや深さなどを変化させます。初心者から上級者まで、使う技術は同じです。戦略と戦術を考えてプレーすることも同じです。レベルアップするにつれ、ボールの変化を覚えて種類を増やし、精度を高めていきます。

❷ テニスには３つの局面がある

テニスの試合やポイント（戦術）は、第1局面（序盤）、第2局面（中盤）、第3局面（終盤）で成り立っていると考えることもできます。第1局面はサービスやリターン、第2局面はフォアハンド＆バックハンド、アプローチショット、第3局面はボレー、スマッシュ、ロブ、ドロップショットなどです。それぞれのショットは局面をまたがることもあります。

ラインの幅
センターサービスラインとセンターマークの幅は5cm、そのほかのラインの幅は2.5〜5cmでなければならない。ただしベースラインのみ幅を10cmまで太くすることができる

❸ テニスコートの大きさ

一般的なテニスコートは、ダブルス・シングルス共用の場合が多い。ネットポストがラインの外にある場合、ネットはダブルス用の高さになっている。シングルスをする場合は、コートに常設されている2本のシングルス・スティックを立ててネットを規定の高さに持ち上げる必要がある

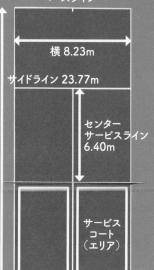

シングルスコート

ベースライン

横 8.23m

サイドライン 23.77m

センター
サービスライン
6.40m

サービス
コート
（エリア）

サービスラインとネットに囲まれた地面をサービスコート（エリア）と呼ぶ。また、このサービスコートを均等に分ける線をセンターサービスラインと呼ぶ。ここにサービスを入れる

ダブルスコート

アレー 1.37m

横 10.97m

サービスライン

センターマーク

センターマーク

ベースラインを2等分する、長さ10cmのマークのこと。コートの内側にサイドラインと平行に引く。サービスはこのセンターマークとサイドラインの内側から打つ。センターマークとサイドラインの仮想延長線を踏むとフォールトになる

ネットの高さ

コートの中央にはコードで吊られたネットが張られ、その高さは1.07m。その上で、ネット中央の高さは0.914mと決められているため、ストラップでコードを押し下げて高さを調整する

ネットポスト　センターストラップ

ネットの高さ
サイド 1.07m

ネットの高さ
センター 0.914m

シングルス・
スティック

序章

目標設定

PART
1
初心者が
3カ月後に
大会に出場する

PART
2
1回戦を
戦う

PART
3
3回戦を
戦う

PART
4
トーナメントを
勝ち進む

PART
5
全国大会に
出場する

PART
6
磨け、
自分

❹ 試合の成り立ち

テニスの試合は【ポイント】→【ゲーム】→【セット】→【マッチ】の順に進行していきます。

ポイント ▶ ゲーム ▶ セット ▶ マッチ

【 マッチ 】

3セットマッチの試合であれば、3セットのうち、2セットを先に取ったほうが勝者です。

【 ポイント 】【 ゲーム 】

0＝ラブ、1ポイント＝15（フィフティーン）、2ポイント＝30（サーティー）、3ポイント＝40（フォーティー）、4ポイント取ると【ゲーム】になります。1ゲームは同じプレーヤーがサービスを打ちます。【タイブレーク】も1ゲームですが、サーバーの交代の方法が違います。

【 セット 】

相手に対して2ゲーム以上の差をつけて先に6ゲームを取る、または2ゲームの差がつくまでそのセットを続けるのが【（アドバンテージ）セット】。一方、6-6になったときは第13ゲームを【タイブレーク】で行うのが【タイブレークセット】です。

【 タイブレーク 】

ゲーム数が6-6になったときに、試合に決着をつける方法のひとつが【タイブレーク】です。タイブレークは第13ゲームにあたります。

【 タイブレークのやり方 】

第13ゲームのサーバーがデュースサイドから、1ポイントだけプレーします。その後のサーバーは2ポイント毎に交代します。アドバンテージサイド→デュースサイドの順で2ポイントをプレーして相手と交代です。合計ポイント数が6の倍数になったときに【エンドチェンジ】（コートを入れ替わる）を行います。この方法で7ポイント先に取ったほうがゲームを獲得します。ポイント数が6-6になったときは2ポイント差がつくまで続けます。

ダブルスの第3セットは、10点先取タイブレークのみが行われることが多いです（スコアは10-8など、このタイブレークも2ポイント差がつくまで続けます）。

【 タイブレークのコールと表記 】

タイブレークは、「0（ゼロ）」「1（ワン）」「2（ツー）」…のように数えます。コールはスコアが多いほうを先に「ワン-ゼロ-名前」の順。同点のときは「ワン・オール」。ポイントスコアが7-4で決着がついたら、表記は7-6(4)のようにカッコ内に少ないポイントのほうを書きます。

❺ ポイント、ゲームのコール（数え方）

　サーバー対レシーバーの順で【ポイント】をコールします。サーバーが1ポイント取ったら1-0＝15-0、「フィフティーン-ラブ」です。お互いが3ポイントずつ取ったら3-3＝40-40、これを「フォーティ・オール」とは言わず【デュース】と言います。デュースの次のポイントを

取ったほうは【アドバンテージ】です。コールは「アドバンテージ-名前（一般プレーヤーはサーバー orレシーバーと言うことが多いです）」。アドバンテージのあとのポイントを続けて取ると【ゲーム】の勝者になります。デュースはどちらかが2ポイントの差をつけるまで続きます。

【 ポイント 】のコール

0ポイント＝**0**（ラブ）
⚪ ················ 1ポイント＝**15**（フィフティーン）
⚪⚪ ·········· 2ポイント＝**30**（サーティ）
⚪⚪⚪ ······· 3ポイント＝**40**（フォーティ）
⚪⚪⚪⚪ ···· 4ポイント＝**1ゲーム**

【 ゲーム 】のコール

0ゲーム＝（ラブ）	4ゲーム＝（フォー）
1ゲーム＝（ワン）	5ゲーム＝（ファイブ）
2ゲーム＝（ツー）	6ゲーム＝（シックス）
3ゲーム＝（スリー）	7ゲーム＝（セブン）

コールの例

⚪ 対 0 ················ **15 - 0**（フィフティーン-ラブ）
⚪ 対 ⚪ ················ **15 - 15**（フィフティーン・オール）
⚪⚪ 対 ⚪ ··········· **30 - 15**（サーティ-フィフティーン）

⚪⚪⚪ 対 ⚪⚪⚪ ······ **40 - 40＝デュース**
⚪⚪⚪⚪ 対 ⚪⚪⚪ ···· **A - 40＝アドバンテージ-名前**（またはサーバー）
⚪⚪⚪ 対 ⚪⚪⚪⚪ ···· **40 - A＝アドバンテージ-名前**（またはレシーバー）
⚪⚪⚪⚪⚪ 対 ⚪⚪⚪⚪ ···· **ゲーム-名前、1 - 0**（ワン・ラブ）
ゲーム-名前、2 - 0（ツー・ラブ）
ゲーム-名前、3 - 3（スリー・オール）
ゲーム-名前、6 - 4（シックス・フォー）

試合終了時のスコア例 　**6 - 4　3 - 6　7 - 6**(3)

※勝者が先　※（ ）はタイブレークのスコアで7-3という意味
※タイブレークの詳細とコールは左ページ参照

序章
目標設定

PART
1
初心者が3ヵ月後に大会に出場する

PART
2
1回戦を戦う

PART
3
2・3回戦を戦う

PART
4
トーナメントを勝ち進む

PART
5
全国大会に出場する

PART
6
磨け、自分

❻ 試合の進め方

①サーバーはサービスをノーバウンドで打ち、対角線のサービスエリアに入れます。センターマークを中心に第1ポイントはデュースサイド（右側）から始め、第2ポイントはアドバンテージサイド（左側）から始めます。同じ方法で1ポイントごとにサイドを変えてサービスを打ちます。②サーバーが立つ場所（範囲）は決まっていますので【フットフォールト】をよく理解しましょう。③

サービス後は相手と交互に打球します。シングルスはシングルスコートに、ダブルスは外側のサイドラインまで使ってダブルスコートにボールを入れ、ポイントが決まる（どちらかがミスをする）までプレーします。

左側
（アドバンテージサイド）
右側
（デュースサイド） サーバー

レシーバー

【 サービス 】

打つ順番は【トス】で決めます。サーバーとレシーバーは1ゲーム交代です。ダブルスも同様ですが、ペアは交代でサーバーになります。

サーバーは1ポイントにつき2球持ち、ファーストサービスがサービスエリアに入ったらポイント開始、入らなければ【フォールト】で、セカンドサービスを打ちます。2球続けて【フォールト】したら相手のポイントです。

【 レット 】

サービスがネットに触れたあと、①正しくサービスエリアに入った場合、②レシーバーまたはそのパートナーの着衣、持ち物に触れた場合、そして、レシーバーが返球の用意をしていないときにサービスを打った場合は【レット】になり、そのサービスをやり直すことができます（その1つ前の【サービスフォールト】が取り消されることはありません）。

【 トス 】

プロの試合ではコイントスを行います。一般プレーヤーはラケットを回す人と選択する人に（相談して）分かれ、ラケットのグリップエンドのマークの上下（アップ or ダウン）を言い当てます。【トス】に勝つと次の3つの中から先に選択できます。①第1ゲームでサーバーになるかレシーバーになるか選ぶ、②第1ゲームのエンドを選ぶ（どちらのコートに入るか）、③トスの敗者に権利を譲る、のいずれかです。

【 フォールト 】

サービスが正しいサービスエリアに入らなかったとき、ネットに当たって自コートに落ちたとき、空振り等、打とうとしたけれども打てなかったときは【フォールト】（失敗）です。サーバーのパートナー（ダブルス）に直接サービスが当たったり、着衣やラケットに振れたときも【フォールト】です。ほかに【フットフォールト】もあります。

※ここに挙げたルールは試合を進めるために最低限必要なものです。

【フットフォールト】

サービスはセンターマークとサイドライン
の間から打ちます。静止して構えてから打球
までの間に、①歩いたり走ったりして立って
いるポジションを変える（足を少し動かすく
らいは構いません）、②ベースラインまたは
その内側のコートを踏む、③サイドラインの
仮想延長線外側の地面に触れる、④センター
マークの仮想延長線を踏むと【フットフォー
ルト】（失敗）です。

【 タイムバイオレーション 】

プレーヤーはポイント間に25秒、エンド
チェンジに90秒、セット間に120秒の時間
が与えられています。この時間を超えないよ
うに次のプレーを始めなければいけません。
サーバーがサービスのポジションに入るのが
遅かったり、レシーバーがサーバーを待たせ
て構えないなどのときには【タイムバイオレ
ーション】が科されます。1回目は警告、2
回目以降は失点です。このルールは状況によ
って考慮されることもあります。

【 エンドチェンジ 】

どちらかが【ゲーム】を取ったらサービス
を交代します。それと同時に、両プレーヤー
（またはチーム）は奇数ゲーム（第1ゲーム、
第3ゲーム、第5ゲーム……）でエンドを交
代します（【エンドチェンジ】、コートを入れ
替わる）。セットが終了したときは、奇数ゲ
ームならエンドチェンジしますが、偶数ゲー
ムの場合は、次のセットの第1ゲームが終了
するまでエンドチェンジはしません。【タイ
ブレーク】中は6ポイントごとにエンドチェ
ンジします。

【ボールのIN or OUT】

すべてにおいて、ラインに触れたボールは
「イン」です。

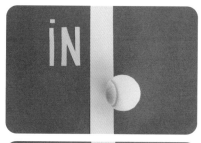

（写真上）ボールの大部分がラインの外側に
あっても、ラインに触れたボールは「イン」

【 ノット・アップ 】

2バウンド以上で返球すると失点です。

【 キープ 】

サービスゲームを取ることを「サービスキ
ープ」と言います。

【 ブレーク 】

相手のサービスゲームを奪う（破る）こと
を【ブレーク】、奪われたサーバーは「サー
ビスブレーク」されたことになり、「サービ
スダウン」（サービスゲームを落とした）と
いう言い方もします。相手のサービスゲーム
を奪い返すことを「ブレークバック」と言い
ます。

序章
目標設定

PART
1
初心者が3カ月後に大会に出場する

PART
2
1回戦を戦う

PART
3
2・3回戦を戦う

PART
4
トーナメントを勝ち進む

PART
5
全国大会に出場する

PART
6
磨け、自分

❼テニスのマナー

1 ▶ ラリー中は後ろを通らない

　ラリー中のコートの後ろは通ってはいけません。ボールを拾うのはプレーが途切れてからです。もし隣のコートにボールが入ったら、途切れるまで待ちます。プレーの妨げになった場合は【レット】となり、プレーはやり直しされます。

2 ▶ 相手にボールを渡すときはワンバウンドで

　相手にボールを渡すときは1個ずつ、相手が受け取りやすいようにワンバウンドでの返球を心がけましょう。相手が近くにいる場合は手投げでやさしく、相手が遠くにいる場合はラケットを使ってコントロールしてください。

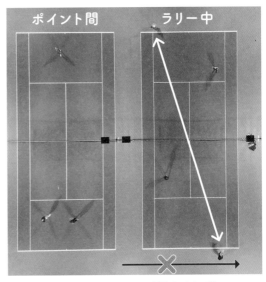

コートを移動したいときはラリーが途切れるまで待つ

3 ▶ 相手のダブルフォールトやミスに対してはしゃがない

　テニスの得点は、実はほとんどが相手のミスです。相手がミスをして自分の得点になったときにあからさまに喜んだり、はしゃぐのはマナー違反です。

4 ▶ ラリー中は応援しない、声をかけない

　ラリーがつながっているときに応援したり、声をかけることはマナー違反です。試合がセルフジャッジで行われているところへ、ジャッジに介入することもマナー違反です。

5 ▶ 相手のフォールトを故意にリターンしない

　相手のファーストサービスがフォールトだった場合に、そのボールを故意にリターンするのはマナーに反します。故意にリターンすることで、サーバーのリズムを崩してしまう可能性もあるのです。相手のファーストサービスがフォールトだった場合は、そのボールはネットにかけるか、キャッチして自分のポケットに入れるなどして、次のプレーの準備をしましょう。

6 ▶ サーバーを惑わせる行為は慎む

　ダブルスでサービスをする直前に、レシーバー前衛がセンターサービスラインを超えたり、ネット際で動き回るなどの行為は慎みましょう。大きな音を立てない限りルール違反にはなりませんが、お互い気持ちよくプレーするために、サーバーを威嚇するような行動はしないようにしましょう。

7 ▶ 試合中の微妙なジャッジは相手に有利に

　アマチュアの試合はほとんどがセルフジャッジです。自分のコートのジャッジは自分で行います。相手のボールが入ったかどうか微妙なときは、相手に有利なジャッジをします。微妙なときに自分に有利にジャッジをすることはマナー違反ではなく、ルール違反です。

8 ▶ ガッツポーズは相手に向けない

　よいプレーをしたときや自分を鼓舞するためにつくるガッツポーズは、自分自身に向けて行うものであり、相手に向かって行うのはマナー違反です。

9 ▶ 試合が終了したら勝敗に関わらず
　　相手と握手をしよう

　試合の勝敗が決まったらサッサとコートを去るのではなく、一度ネットに歩み寄り、相手や自分のパートナーと握手を交わしましょう。

10 ▶ コートを使用したあとは整備しよう

　コートを使用したあとはブラシをかけるなどして、次のプレーヤーがプレーをしやすいようにコート整備をしましょう。レンタルコートをしている場合は、終了時間の少し前にプレーを終わらせ、ブラシをかける時間をとりましょう。

序章 目標設定

PART 1 初心者が3カ月後に大会に出場する

PART 2 1回戦を戦う

PART 3 2、3回戦を戦う

PART 4 トーナメントを勝ち進む

PART 5 全国大会に出場する

PART 6 磨け、自分

1 アンダーサービス

目的
効果
コンチネンタルグリップと
ラケット面の関係性を覚える

　唯一、自分から打ち始めることができるサービスをコントロールできるようになることは、ポイントを取るための戦術をつくっていく上でとても大切です。

　初心者のうちから正しいアプローチでサービスを覚えていきましょう。鍵となるのはコンチネンタルグリップ（写真／手首に130度くらいの角度ができます）とラケット面の関係性、そしてスイングの加速で、それが回転を生み出します。サービスエリアに確実に入れるためには回転が必要です。

●レシーバー

サーバー

🔆Point

コンチネンタルグリップはラケット面が自然に上を向きます。将来的にはこの構えからオーバーサービスを打ちましょう。

（1）アンダーサービス

手首は伸ばさずほんの少し立てる感じ。これはサービスのインパクトの形でもある

ベースラインに前足のつま先をつけて準備し（両足の位置は自由）、サービスエリアを狙ってノーバウンドで打つ

（1）アンダーサービス

コンチネンタルグリップで握るとラケット面が自然に上を向く。その上向きのラケット面をボールの下に入れて前方、上方へ向かって押し出す感じでスイング

（2）スライスのかかったアンダーサービス

少し腕の振りを大きくしてスイングしてみよう。そしてラケット面をボールの下に入れていくと、ボールにアンダースピン（スライス）がかかる

序章
目標設定

PART
1
初心者が3ヵ月後に大会に出場する

PART
2
1回戦を戦う

PART
3
2、3回戦を戦う

PART
4
トーナメントを勝ち進む

PART
5
全国大会に出場する

PART
6
磨け、自分

2 コンチネンタルグリップのサービス

目的
効果

アンダーサービスから
オーバーサービスへつなげる

メニュー1のアンダーサービスを徐々に上に上げていき、オーバーサービスにつなげます。メニュー1のアンダーサービスは膝下あたりで打ちましたが、ここでは腰の高さから肩の高さへと徐々に打点を上げていきましょう。トスは想定する打点よりも上に上げてください。スイングは徐々に大きく、イメージは投球動作です（肘を前に出して、腕を回してフィニッシュ）。

メニュー1から3に共通して言えることですが、基本的な動作、スイングは同じです。その中でラケット面が、ボールの下をとらえるとアンダースピンがかかり、打点を上げていきボールの斜め下をとらえるとスライスがかかります。そして、さらに打点を高くして頭上にすると（メニュー3)、ボールの斜め上をとらえるようになりナチュラルスピンがかかります。

（3）アンダースピンまたはスライスのかかったオーバーサービス

体は横向きでスタンス（両足の位置）は打ちたい方向に両足のつま先を結んだ線が向く

アンダースピン

アンダースピンから
スライス

下の写真の
インパクト
イメージ

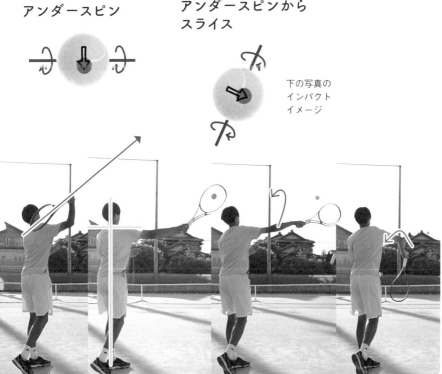

打点を腰の高さ、さらに肩の高さくらいまで徐々に上げていくと、アンダースピン〜スライスがかかる

序章
目標設定

PART
1
初心者が
3ヵ月後に
大会に出場する

PART
2
1回戦を
戦う

PART
3
2回戦を
戦う

PART
4
トーナメントを
勝ち進む

PART
5
全国大会に
出場する

PART
6
磨け、自分

3 ナチュラルスピン

目的 効果 一つの打法をバージョンアップして サービスを強化

メニュー1、2と進んで、トスとスイングを上方で行うようにしてきました。最後に打点を一番高い位置に上げますが、メニュー2でも解説したように基本的な動作とスイングは変えません。（右利きの場合）右肩の上が一番高い打点で、体を少し斜めに傾けてジャンプします。スイングが加速していると、ラケット面はボールの斜め上をとらえ、自然な斜め回転（ナチュラルスピン）がかかります。

打ちたいサービスをサービスエリアにコントロールできるようになるためには、再現性の高いスイングと、スイングの加速と回転（スピン）が必要です。正しいサービスの打法を一つしっかり覚えれば、あとは少しのラケット面の角度の変化で回転を変えたり、スイング速度を変えて回転量を変えたり、サービスの種類を増やすことができます。初心者のうちから正しいサービスを始めて、少しずつ覚えていきましょう。

クローズドスタンス

Point

アンダーサービスからオーバーサービスへ。打法を下から上へ、打点を上げて、スイングを大きくしてきました。そうするとサービスエリアにボールをコントロールするためには、最終段階では体の向きはかなり深く横向きになります（写真）。サービスはクローズドスタンスで打ちます。

ナチュラルスピン

インパクトイメージ（球種による）

（4）ナチュラルスピンサービス

一番高い打点は体を少し斜めに傾けたところ。打法はメニュー2と同じで変わらない。
この打法は自然に回転（スピン）がかかったサービスを生み出す。私たちは「ナチュラ
ルスピンサービス」と呼んでいる

序章
目標設定

PART
1
初心者が
3カ月後に
大会に出場する

PART
2
1回戦を
戦う

PART
3
2、3回戦を
戦う

PART
4
トーナメントを
勝ち進む

PART
5
全国大会に
出場する

PART
6
磨け、自分

4 フォアハンドの基本

目的 効果 体をターン→移動→アドレス→スイングで打つ

フォアハンドの打点を覚えましょう。もっとも力が入るグリップの握り方のヒントは、物を前に押すときの手首の形にあります。私たちは前から来る物体を受け止めて押し返すときには、手首を甲側に曲げた状態をつくるともっとも力が入ります。さらに、力が入る高さは腰から胸のあたりです。これを理解した上で、球出しのボールに対して打点を探していきます。

まずフォアハンド側に体をターンします。そのときラケットを立てておくことが重要です。その準備をしたあとに移動して、（右利きの場合）右足でアドレスを決め、左足を踏み込んで、体のターンを戻してボールを打ちます。

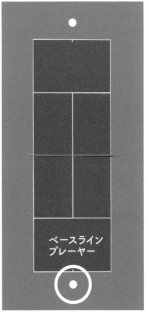

ベースライン
プレーヤー

もっとも力が入る打点を探そう（フォアハンドはセミウエスタングリップ〜ウエスタングリップが一般的）

前から球出しする練習（横方向へ動く）

後ろから球出しする練習（前方向へ動く）

🔆Point

　球出し練習を3つ紹介します。いずれもパワーポジション（両足を広げてニュートラルな姿勢）のあと体をターンしておきます（ラケットを立てておきます）。そこから動き出してフットワーク（右足でアドレスを決め、左足を踏み込んで）と体重移動を練習し、力が入る打点（体の前）を探します。

自分でボールをトスして打点を探す練習

序章
目標設定

PART
1
初心者が3カ月後に大会に出場する

PART
2
1回戦を戦う

PART
3
2、3回戦を戦う

PART
4
トーナメントを勝ち進む

PART
5
全国大会に出場する

PART
6
磨け、自分

5 両手打ちバックハンドの基本

目的 効果 体をターン→移動→アドレス→スイングで打つ

両手打ちバックハンドの打点を覚えましょう。両手打ちバックハンドは、非利き手のフォアハンドと同じ考え方でグリップを握ります。もっとも力が入るグリップの握り方のヒントは、物を前に押すときの手首の形にあります。私たちは前から来る物体を受け止めて押し返すときには、手首を甲側に曲げた状態をつくるともっとも力が入ります。さらに、力が入る高さは腰から胸のあたりです。これを理解した上で、球出しのボールに対して打点を探していきます。

まずバックハンド側に体をターンします。そのときラケットを立てておくことが重要です。その準備をしたあとに移動して、（右利きの場合）左足でアドレスを決め、右足を踏み込んで、体のターンを戻してボールを打ちます。

ベースライン
プレーヤー

もっとも力が入る打点を探そう（両手打ちバックハンドは利き手がコンチネンタルグリップ〜セミウエスタングリップ、非利き手がフォアハンドのセミウエスタンが一般的）

序章
目標設定

PART
1
初心者が
3カ月後に
大会に出場する

PART
2
1回戦を
戦う

PART
3
2回戦を
戦う

PART
4
トーナメントを
勝ち進む

PART
5
全国大会に
出場する

PART
6
磨け、自分

💡Point

球出し練習を2つ紹介します。パワーポジション(フォアハンド参照)から、いずれも体をターンしておきます(ラケットを立てておきます)。そこから動き出し、フットワーク(左足でアドレスを決め、右足を踏み込んで)と体重移動を練習し、力が入る打点(体の前)を探します。

後ろから球出しする練習
(前方向へ動く)

体をターンする

前から球出しする練習
(横方向へ動く)

ターンを戻す　　　　　　右足　　　　　　左足

6 片手打ちバックハンドの基本

目的効果 体をターン→移動→アドレス→スイングで打つ

次は片手打ちバックハンドです。片手打ちバックハンドももっとも力の入る打点、グリップを探します。手首は自然な角度になるように握ると安定し、力が入ります。掌側に手首を曲げると不安定になり、力も入りません。これができているか確認しましょう。そして、もっとも力が入る打点の高さは腰のあたりです。これを理解した上で、球出しのボールに対して打点を探していきます。

まずバックハンド側に体をターンします。そのときラケットを立てておくことが重要です。その準備をしたあとに移動して、（右利きの場合）左足でアドレスを決め、右足を踏み込んで、体のターンを戻してボールを打ちます。

ベースライン
プレーヤー

前から球出しする練習（横方向へ動く）

後ろから球出しする練習（前方向へ動く）

もっとも力が入る打点を探します。正しいグリップ（セミウエスタングリップからウエスタングリップが一般的）と打点を覚えれば、手首はそれほど使いません。打点を前にするために手首を掌側に曲げて調整する人がいますが、それは間違いです。

体をターンする

横から打点に球出しする練習
（打点を覚える）

ターンを戻す

右足

左足

序章
目標設定

PART
1
初心者が3カ月後に大会に出場する

PART
2
1回戦を戦う

PART
3
2、3回戦を戦う

PART
4
トーナメントを勝ち進む

PART
5
全国大会に出場する

PART
6
磨け、自分

7 スライスの基本

回転とボール軌道を変える

　ここまで練習してきたグラウンドスロトークは
トップスピン（順回転）です。トップスピンのボ
ール軌道（高さ）を変えて深さをコントロールし
てみましょう。高い軌道にすると深く打つことが
でき、低い軌道にすると短く打つことができます。

　トップスピン（順回転）に対してアンダースピ
ン（逆回転／スライス）があります。スライスは
逆回転のためトップスピンと比べるとボールスピ
ードは落ち、バウンドしたあとに低く滑ります。
回転をより多くかけると短く打つことができ、ド
ロップショット（短く落とす）も打てます。この
ような特性を生かすため、両方の回転を練習して
覚えていきましょう。

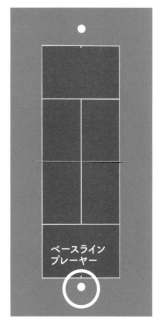

ベースライン
プレーヤー

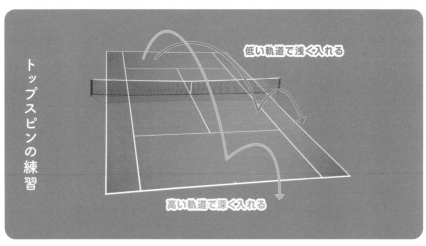

トップスピンの練習

低い軌道で浅く入れる

高い軌道で深く入れる

🔆 Point

スライスはボレーのタッチにつながります（グリップはボレー参照）。ラケットのスロートを非利き手で持ち、ラケットを立てて体をターン。前腕からグリップまでの形はテークバックからフォロースルーまで変わりません。移動して左足でアドレスを決め、右足を踏み込んで、ボールの後ろのやや下にラケットを入れて前方にフォロースルーします。

ターンを戻す
（非利き手は後ろに残す）

右足

左足　体をターンする

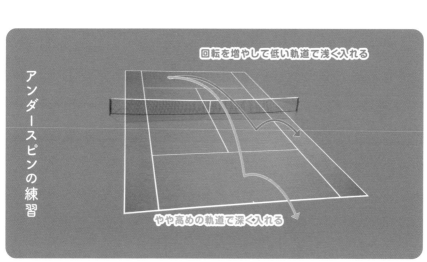

アンダースピンの練習

回転を増やして低い軌道で浅く入れる

やや高めの軌道で深く入れる

序章
目標設定

PART 1
初心者が3ヵ月後に大会に出場する

PART 2
1回戦を戦う

PART 3
2、3回戦を戦う

PART 4
トーナメントを勝ち進む

PART 5
全国大会に出場する

PART 6
磨け、自分

8 テリトリーと構え

目的 効果 ## サービスを予測してテリトリー（守備範囲）のセンターに構える

サービスに対してリターンを打つ人がレシーバーです。レシーバーはサーバーが打ってくる可能性がある範囲＝守備範囲（テリトリー）を想定し、その範囲のセンターにサーバーのほうを向いて構えます。テニスは、レシーバーに限らずそれぞれのプレーヤーが常にテリトリーを想定し、そのセンターに移動しながらプレーをします。テリトリーの考え方は基本中の基本ですので必ず覚えましょう。

レシーバー

サーバー

リターンの構え方（パワーポジション）

素早く動き出せるように両足を広げて股関節を曲げ、低く構える。これをパワーポジションと言う

スプリットステップ（両足ジャンプ）

サーバーがボールを打つときに体を起こし、両足でジャンプ。ニュートラルな姿勢にするのがスプリットステップ

サービスに対してテリトリーを予想して構える。サービスがゆるければテリトリーをまっすぐ前進

ディサイデッドステップ（片足着地）

瞬時に動く方向を決めると片足着地（ディサイデッドステップ／後述）になる

ダブルスの場合

(サーバーに対する)
レシーバーのテリトリー

(レシーバーに対する)
サーバー側前衛のテリトリー

(レシーバーに対する)
サーバーのテリトリー

序章

目標設定

PART
1
初心者が
3ヵ月後に
大会に出場する

PART
2
1回戦を
戦う

PART
3
2 〜3回戦を
戦う

PART
4
トーナメントを
勝ち進む

PART
5
全国大会に
出場する

PART
6
磨け、自分

9 球なりに打ち返す

目的 効果 ボールが来た方向へ返すのが もっとも安全なリターン

サービスゲームはサーバーが有利です。なぜなら最初にボールを打つのはサーバーで、レシーバーはどんなボールがくるか予測して反応するしかありません。そこでもっとも安全なリターンの方法を覚えましょう。レシーバーは飛んできた方向に打ち返すことです。

サービスのリターンは、ほかの状況に比べて時間的な余裕が少なく、予測や一歩目の動き出しが重要になります。ただしグラウンドストロークのように、相手のフォームを見て予測することも難しく、また、打点が高いため角度がついてくる可能性があり守備範囲も広くなります。

ですから、まず球なりに返すことです。その前にパワーポジション、スプリットステップなどの準備もしっかり行ってください。

レシーバー

サーバー

センタに来たサービスはセンターに打ち返す、これがもっとも安全な方法

瞬時に反応できるようにパワーポジション＆スプリットステップなどの準備を怠らない

ボールが来た方向に返す

リターンは飛んで来た方向、クロス方向に返すのが一番シンプルで安全

序章

目標設定

PART
1
初心者が
3ヵ月後に
大会に出場する

PART
2
1回戦を
戦う

PART
3
2、3回戦を
戦う

PART
4
トーナメントを
勝ち進む

PART
5
全国大会に
出場する

PART
6
磨け、自分

10 コンチネンタルグリップでボレー

目的
効果 **アンダースピンに慣れる**

　ネットにつめてボレーを打ったり、ボレーに対してボレーで返すには、時間が短く、大きなスイングはできません。またネット近くにいれば左右高低のボールを瞬時にカバーしなければならず、そうするとコンチネンタルグリップがもっとも守備範囲を広く取れ、フォアボレー、バックボレー、さらにスマッシュにも対応できます。前腕から手首、ラケット面が安定するので、相手のパワーを利用して返すことができます。

　球出しで練習しましょう。先にインパクトの形をつくって待ち、すべて打ち返してください。

ネットプレーヤー

インパクトの形をつくって待つ

構えたときからコンチネンタルグリップ

序章

目標設定

PART

1

初心者が3ヵ月後に大会に出場する

PART

2

1回戦を戦う

PART

3

2、3回戦を戦う

PART

4

トーナメントを勝ち進む

PART

5

全国大会に出場する

PART

6

磨け、自分

Point

コンチネンタルグリップで握り、インパクトの形をつくります。前腕から手首、ラケットでできる角度は130度くらい。フォアもバックも基本的に同じグリップです

ラケット面は上向きでボールにアンダースピンがかかる

MENU ボレー

11 2ステップボレー

目的
効果 **フットワークでカバー範囲を広げる**

　球出しでボレーのフットワークを練習しましょう。パワーポジション（構え）から2歩でボレーを打ってください。右利きの場合、フォアボレーは右足（軸足）→左足（踏み込み足）、バックボレーは左足（軸足）→右足（踏み込み足）です。この足の運びを使ってできるだけ広くカバーします。

　1歩目で上半身を半身ターンし、ラケット面をセット、2歩目で打点にアジャストします。できるだけネットにつめてボレーを打つようにしますが、守備範囲は左右上下と広くなる可能性があります。そこはステップでカバーします。

　そのためにも最初のパワーポジションのスタンスは大きくしておいてください。最初のスタンスが狭いと、続くステップも小さくなってしまいます。

2ステップでカバー

バックボレー

バックボレーは左足（軸足）→右足（踏み込み足）

フォアボレー

💡Point

1歩目の足に体重を乗せることが大事。

フォアボレーは右足（軸足）→左足（踏み込み足）

序章

目標設定

PART
1
初心者が3ヵ月後に大会に出場する

PART
2
1回戦を戦う

PART
3
2、3回戦を戦う

PART
4
トーナメントを勝ち進む

PART
5
全国大会に出場する

PART
6
磨け、自分

12 MENU スマッシュ

サービスと同じが基本

目的効果 **瞬間的な判断と動きの速さにつながる**

スマッシュは基本的にサービスと同じです。違うのは相手が打ったロブに対してボールを打つということ。トスとテークバックはなく、いきなり体（両肩）をターンして横向きになり、肘を高く上げて、ボールの落下に合わせてラケットを振り出します。

この動作を球出しで練習します。球出しは危険がない場所から手投げで低めのロブを、プレーヤーがほとんど動かずに打てる場所に上げてください。プレーヤーはリズムよく打球を繰り返します。できるだけ高い打点で打ちましょう。これを連続して行います。

ネットプレーヤー

いきなり体をターンして横向きになる

パートナーに手投げ
でロブを上げてもら
ってもいいし、セル
フトスでもOK

テークバックは体のターンで、投球動作と同じ

🔅Point

低めのロブによってプレーヤーの時間は削られています。ですから素早く体のターンをするしかありません。また、ロブの高さが一定なのでラケットを振り出すタイミングがつかみやすく、スマッシュを理解しやすいです。

サービスもスマッシュも投球動作も基本は同じ。体のターンを戻した最後には腕が回る
（回内→回外→回内という動作）

序章　目標設定

PART
1
初心者が
3カ月後に
大会に出場する

PART
2
1回戦を
戦う

PART
3
2・3回戦を
戦う

PART
4
トーナメントを
勝ち進む

PART
5
全国大会に
出場する

PART
6
磨け、
自分

MENU 13 スマッシュ

フットワークで調整する

目的・効果 ロブの距離と時間を考えてタイミングを合わせる

メニュー12を先に進めます。プレーヤーはネットとサービスラインの中間あたり（ダブルスの前衛くらい）に構えます。球出しは手投げでロブを上げますが、メニュー12よりも高めのロブをプレーヤーがいる場所に上げます。プレーヤーはフットワークを使ってロブにタイミングを合わせてスマッシュを打ちます。

やさしいロブが上がるのでプレーヤーは大きく移動することはありません。時間がある分、フットワークを使ってよい打点でとれるように調整しましょう。そしてボールをとらえる（ラケットを振り出す）タイミングを合わせます。

ネットプレーヤー

🔎Point

体をターンして横向きになります（つま先も必ず横向きにします）。将来的にはロブが後方に上がり、下がってスマッシュを打つ可能性があり、そのときは進行方向につま先を向けると早く下がれます。

58

球出しのボールが上がると同時に体をターン、つま先は横向きに

序章
目標設定

PART
1
初心者が3カ月後に大会に出場する

PART
2
1回戦を戦う

PART
3
2〜3回戦を戦う

PART
4
トーナメントを勝ち進む

PART
5
全国大会に出場する

PART
6
磨け、自分

サービスもスマッシュも投球動作も基本は同じ。体のターンを戻した最後には腕が回る（回内→回外→回内という動作）

ロブの落下点に入り、地面にしっかりかかとをつける

14 ダブルスのテリトリーを覚える❶

**目的
効果** 4人が各テリトリー（守備範囲）の
センターに構える

雁行陣のクロスラリーでポイント獲得を目指し
ましょう。各プレーヤーは一球ずつテリトリーの
センターに構えてオープンコート（隙）をつくら
ないようにします。もしオープンコートができたら、
すかさずポイントを取りにいってください。

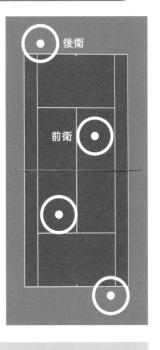

後衛

前衛

💡 Point

フォアハンドを打つプレーヤーのポジ
ションの違いを見てください。上の写真
はベースライン上でややサイド寄り、下
の写真はベースラインより後方でややセ
ンター寄りにいます。それに応じて相手
ペアのテリトリーは変わり、ポジション
も変わりますが、少し修正が必要な部分
もあるようです。

上の写真はネット向こう側の後衛が、
パートナーの前衛のダウン・ザ・ライン、

または同ロブを警戒しすぎてオープンコー
トがあります。そのためクロスラリー
がしやすくなり、ネット手前のペアにポー
チボレーのチャンスがきそうです。

一方、下の写真はフォアハンドを打つ
プレーヤーがかなり後方に下がっていま
す。ネット向こう側のペアはテリトリー
（守備範囲）のセンターをまっすぐつめる
ことで相手が打てるコースを狭めること
ができます。

前衛と後衛のテリトリー

打球するプレーヤーに対してそれぞれがテリトリーのセンターに構える。センターに構えないとオープンスペースができる

序章

目標設定

PART
1
初心者が3ヵ月後に大会に出場する

PART
2
1回戦を戦う

PART
3
2・3回戦を戦う

PART
4
トーナメントを勝ち進む

PART
5
全国大会に出場する

PART
6
磨け、自分

ベースラインより前でフォアハンドを打つプレーヤー

ベースラインより後ろでフォアハンドを打つプレーヤー

前衛はテリトリーをまっすぐにつめて守備範囲を狭める

15 ダブルスのテリトリーを覚える❷

目的 効果 4人が各テリトリー（守備範囲）の センターに構える

メニュー14の続きです。フォアハンドを打とうとしているプレーヤーのポジションの違いをまず確認しましょう。上の写真のほうはサイド寄りにいて、下の写真のほうはセンター寄りにいます。それに応じてネット手前の前衛のテリトリーとポジションに注目です。写真下は、相手がセンター寄りにいるときにダウン・ザ・ラインを警戒しすぎて、テリトリーのセンターにいません。それによってクロスラリーでポーチボレーに出ることができません。ここはしっかりとテリトリーのセンターに構え、そうすることで相手はフォアハンドクロスが打ちづらくなってチャンスをつくることができるかもしれません。

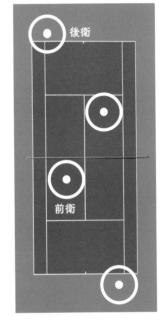

後衛

前衛

右ページ（下写真）の全体像　センター寄りでフォアハンドを打つプレーヤー

💡Point

相手がセンター寄りにいるときに手前前衛はテリトリーのセンターにいません。そのためクロスラリーでポーチボレーに出られません。

前衛のテリトリー

打球するプレーヤーに対してそれぞれがテリトリーのセンターに構える。
両シチュエーションのネット手前にいる前衛を見てほしい

サイドライン寄りでフォアハンドを打つプレーヤー

センター寄りでフォアハンドを打つプレーヤー

序章

目標設定

PART
1
初心者が
3ヵ月後に
大会に出場する

PART
2
1回戦を
戦う

PART
3
2・3回戦を
戦う

PART
4
トーナメントを
勝ち進む

PART
5
全国大会に
出場する

PART
6
磨け、自分

セルフジャッジ

セルフジャッジの試合では、自分のエンドのボールの「イン」「アウト」を自分で判断してコールします。前提として次の2点を知っておきましょう。

① **セルフジャッジは技術**

トッププレーヤーは時速200kmを超えるサービスの「イン」「アウト」を1cm単位でジャッジできる高い技術があります。しかし初級者はゆっくりしたボールでも10cm単位で間違えます。これは技術なので、経験を積めばジャッジの精度は上がります。

② **セルフジャッジは自分自身の勝ち負けを左右する判断を迫る**

プレーヤー自身が審判を務めるのがセルフジャッジですが、そのジャッジは時にたいへん難しく、特にそのポイントが勝敗に直結するものになると技術だけの問題ではなくなります。

プレーヤーは勝ちたい気持ちだけでプレーするのではなく、客観的に冷静にジャッジする責任があります。小中高校生

の脳機能と成長の観点から考えると、勝ちたい気持ちは情動・本能に関与する大脳辺縁系から起こり、10歳頃に成熟します。この時期は大脳新皮質の発育が未熟で、小中学校での学習を中心としてだいたい18歳ぐらいまでに時間をかけて育ちます。徐々に状況判断や記憶を使って論理的に思考した上で、自分がとるべき最良の行動がとれるようになります。

このことからセルフジャッジの指導をするときは、技術的成長だけでなく冷静に判断するのに必要な脳の機能的成長の面を考慮する必要があります。

私の経験上、小中学生へのセルフジャッジの指導は、技術指導することによりプレーヤーに冷静な判断を促すことができ、間違いを少なくすることができます。具体的には「バウンドしてから一呼吸おいてジャッジする」「アウトコールを相手に聞こえる大きな声でする」「微妙なジャッジをしたあとは、よりはっきりコールする」などです。

「バウンドしてから
一呼吸おいてジャッジする」

「微妙なジャッジをしたあとは、
よりはっきりコールする」

「アウトコールを
相手に聞こえる
大きな声でする」

第2章

1回戦を戦う

1 ルーティーンを確立する

目的 効果 いつも通りで再現性を高める

　ルーティーンとは、サービスを打つ前（または
ポイント間）の決まった行動を指し、これをする
ことによって緊張をゆるめリラックスすることで、
プレーの再現性を高めます。ポイントとポイント
の間の時間は25秒と決まっていて、その時間を
決まった行動（ルーティーン）で測れるようにし
ていきます。一流選手のルーティーンを見てくだ
さい。その行動はいつも同じであることがわかり
ます。

●レシーバー

サーバー

指に息を
吹きかける

Point

　ルーティーンの行動例
です。これらを25秒以
内（ルールの時間内）に
行います。自分のルー
ティーンを確立しましょ
う。

相手を見る

呼吸を整える

前のポイントが終わり、ボールを拾いに行く

自分を鼓舞する

リラックスしながら歩く

序章
目標設定

PART
1
初心者が3カ月後に大会に出場する

PART
2
1回戦を戦う

PART
3
2・3回戦を戦う

PART
4
トーナメントを勝ち進む

PART
5
全国大会に出場する

PART
6
磨け、自分

次のプレー（戦術）を考える

もう一度相手を見る

サービスのポジションにつく

ボールを（決まった回数）地面につく

サービスの構えをして、必ず静止する。レシーバーも構えて静止したところで、プレー開始（サービスを打つ）

② スピードと回転のバランスを調整する

目的 効果 同じフォームで球種をつくり、1種類だけにしない

よいサービスにはスイングスピードが必要です。そして、ファーストサービスとセカンドサービスをレベルアップさせるには、それぞれのサービスでスピードと回転を調整する力が必要となります。

このメニューではファースト、セカンドという区別はせず、ひとつの打法（ナチュラルスピンサービス）でスピードと回転の比率に変化をつけます。サービス一本を「10」と考えて、スピード「8」対回転「2」というように、自分の感覚で7対3、6対4、5対5、4対6、3対7、2対8というような変化をつけて打っていきましょう。この練習をしていくと複数種類のサービスを身につけることができます。

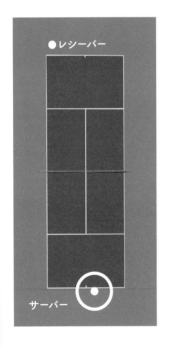

スピード3、
回転7

スピード8、
回転2

打法はひとつで、スイング
スピードも変えない。そう
すると変えるのはボールを
とらえる位置（前後）と体
の傾きで、ほんの少し変え
ることによってボールの回
転やスピードが変わること
を感じてほしい

💡**Point**

　これは感覚的なトレー
ニングで、比率の幅を極
端にやっていくことでそ
の違いがわかり、だんだ
んと調整力がつきます。

序章

目標設定

PART
1
初心者が
3ヵ月後に
大会に出場する

PART
2
1回戦を
戦う

PART
3
2・3回戦を
戦う

PART
4
トーナメントを
勝ち進む

PART
5
全国大会に
出場する

PART
6
磨け、自分

3

3等分したサービスエリアを狙う

目的 効果 結果をフィードバックして修正を繰り返す

　サービスエリアを3等分し、相手レシーバーのフォア側、バック側にサービスを狙って打っていきます。最初は一箇所に的を絞り、連続して入るように練習してください。

　このメニューではエリアを狙う＝どんなリターンをレシーバーに打たせたいかを考えながら行います。サービスの精度を上げるため、必ずフィードバック（評価）をし、修正しながら練習します。上達してきたら自分でルールを決めて、工夫して練習しましょう。

最初はコースを散らさずバック側を連続で狙い、精度が上がったら次はフォア側を連続で狙っていく

⚓Point

　人間の体にはおよそ400の筋肉（骨格筋）がありますが、その筋肉をコントロールしながらプレーすることは無理です。だから感覚を使います。フィードバックと修正を繰り返すことで感覚を磨いていきます。

バック側 フォア側 バック側 フォア側

相手が右利きの
プレーヤーの場合

サービスエリアの横幅は4.115m。3等分すると一つのエリアは1.37m。
その幅に入れることを目標に、左右の誤差を小さくしていく

序章
目標設定

PART
1
初心者が
3ヵ月後に
大会に出場する

PART
2
1回戦を
戦う

PART
3
2回戦を
戦う

PART
4
トーナメントを
勝ち進む

PART
5
全国大会に
出場する

PART
6
磨け、自分

4 ゴム紐でネットの高さを上げる

目的 効果 ボール軌道と着地点のコントロール

ボール軌道をイメージしながらラリーをします。ボールの着地点ばかりを気にするのではなく、ボール軌道を意識してください。どの高さを通すとどこに落下するのかをよく見て、ボール軌道と着地点をコントロールしていきます。

このメニューではゴム紐を用意してください。審判台やフェンスなどを使ってネット上の高い位置にゴム紐を張り、もう一つのネットをつくります。ネットの高さを2倍にするなどし、その上を通す練習です。ボール軌道は放物線を描きますが、その大きさ、高さを変えるとコートを広く使うことにつながります。

ベースライン プレーヤー

ネットの上にゴム紐を張り、ボール軌道を上げる

どこを通せば（ボール軌道）どこに入るか（着地点）、その関係を見ていこう

相手にどこでどのように打たせるか、戦術を考えながら練習することも大切

序章
目標設定

PART
1
初心者が
3カ月後に
大会に出場する

PART
2
1回戦を
戦う

PART
3
2、3回戦を
戦う

PART
4
トーナメントを
勝ち進む

PART
5
全国大会に
出場する

PART
6
磨け、自分

5 リカバリーをしながらロングラリー

目的 効果 オープンコートをつくらない

クロスラリーを両サイドで行いますが、打ったら必ずリカバリーをします。シングルスはひとりで一面を守るので、打球するたびリカバリーが必要です。シングルスで1面を守る意識でセンター付近まで戻ります。テリトリーのセンターに常にポジションをとるように動きます。打球位置にそのまま残ってリカバリーをしないでいると、居る場所と反対側にはオープンコートができて不利になります。

ベースライン
プレーヤー

テリトリー（守備範囲）のセンターにポジションをとる。それがもっとも合理的

打球後も、すぐにテリトリーのセンターにリカバリーして、オープンコートをつくらない

序章
目標設定

PART
1
初心者が
3ヵ月後に
大会に出場する

PART
2
1回戦を
戦う

PART
3
2、3回戦を
戦う

PART
4
トーナメントを
勝ち進む

PART
5
全国大会に
出場する

PART
6
磨け、自分

ターゲットを設定してラリーする

目的 効果　ボール軌道と着地点を意識する

　ラリーの精度を上げていく練習です。クロスラリーをしますが、写真のようにターゲットを設定し、狙ってラリーをします。メニュー4を思い出し、どのようなボール軌道で打てば、狙いたい場所に入るかを考えながら練習しましょう。センターまで戻らずにターゲットを狙う練習と、リカバリーをしてオープンコートをつくらないようにする練習の両方を行います。

　リカバリーと同じくらい準備は大切です。素早く準備をしてボールに近づき（ストライクゾーンに入り）、時間的な余裕を持って打てるようにしましょう。

ベースライン
プレーヤー

着地点だけ意識してプレーしないように、ボール軌道と着地点を意識する。
そして必ずフィートハックと修止を加える

リカバリーを入れた練習

戦術的にレベルアップしていきたいので、いろいろな軌道でターゲットを狙えるようになろう

序章
目標設定

PART
1
初心者が
3カ月後に
大会に出場する

PART
2
1回戦を
戦う

PART
3
2回戦を
戦う

PART
4
トーナメントを
勝ち進む

PART
5
全国大会に
出場する

PART
6
磨け、自分

7 最短距離で踏み込んでリターン

目的効果 体重を後ろから前に移動する

　サービスに対してレシーバーは最短距離で踏み込みます。飛球線に対して垂直に入るイメージです（写真左）。前方に踏み込んで体重移動で打ちましょう。もしも横方向へ動けば打点は体から遠くなり（写真右）、もしくは後ろになって、体重を前へ移すことができません。ラケットを前方へ振りにくくなります。

　この練習ではサービスの球出しをする人がネット際に立って（右ページ写真参照）、ふたりの距離を短くして行います。サービスの球出しはラケットを短く持って、上からペースのあるボールを出しましょう。

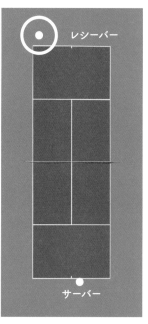

**垂直に入って
リターンするイメージ**

斜め前方へ踏み込めば、体重移動で打てる

**横へ動いて
リターンを打つイメージ**

横へ動くと打点は体から遠く、体重移動ができない

サービスはラケットを短く持って打つ

Point

レシーバーはテークバックを
小さく、準備を素早く行い、サー
ビスに対して斜め前方へ踏み
込んで体重移動で打っていきま
す。そのときストライクゾーン
（膝より上、胸より下）でとら
えエネルギーを出します。

序章

目標設定

PART
1
初心者が
3カ月後に
大会に出場する

PART
2
1回戦を
戦う

PART
3
2・3回戦を
戦う

PART
4
トーナメントを
勝ち進む

PART
5
全国大会に
出場する

PART
6
磨け、自分

8 サービスを読む

目的 効果 体をターンしてストライクゾーンで打つ

相手のサービスは、高さも回転もコースも毎回違います。それをレシーバーは自分のストライクゾーン（膝より上、胸より下の力を入れて打てる範囲）でリターンする練習です。

この練習では相手のサービスを予測します。相手のサービスはどういう種類があるのか把握して、フォア側に来るのかバック側に来るのか読んで、コンパクトに体をターンして打ちます。右利きの場合、フォア側なら左肩、バック側なら右肩が前に出るようにターン。フライングOK＝つまり読みが外れて逆に動いても構いません。繰り返し練習して精度を上げましょう。

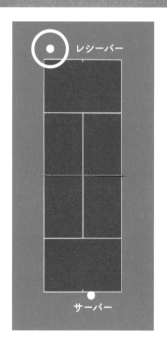

レシーバー

サーバー

ココに注意！

サーバーは、この練習をするとレシーバーにサービスが読まれているかいないかがわかります。読まれている人はなぜ読まれているのか、技術的にバレている、サービスの種類が少ない、癖があるなど、どうすれば読まれないか考えましょう。

サービスがフォア側、バック側どちらにくるか予測して体をターン。
読みが外れてフライングしてもOK

ターンと同時に斜め前に右足を踏み出す。横に踏み出すと打点が体から
遠くなってしまうから、右足→左足と踏み込んで打点を調整する

序章
目標設定

PART
1
初心者が
3カ月後に
大会に出場する

PART
2
1回戦を
戦う

PART
3
2、3回戦を
戦う

PART
4
トーナメントを
勝ち進む

PART
5
全国大会に
出場する

PART
6
磨け、自分

9

ラケット面をセットして足で打つ

目的 効果

確実にボレーを決める

ボレーはネットにつめて打つとテリトリー（守備範囲）を狭くでき、確実に打つことができます。また、ネットより上で打てるので、強打することも、角度をつけることもできます。

そこでネットにつめてボレーを打つ基本的な練習をします。プレーヤーはサービスラインからスタート。あらかじめユニットターン（上半身をひねる）をし、ラケット面をセットしておき（これを「0（ゼロ）」とします）、足で前進して打ちます。軸足を決めて、さらに踏み込んで打ちます。フォアボレーは右足→左足、バックボレーは左足→右足です。

テークバック（ラケットを手で引く動作）はしません。前に踏み込めばその分、ラケットも前に出るので、余計なスイングをすることなく確実にインパクトができます。

ネットプレーヤー

💡Point

ラケット面をセット＝「0」スタートで、面を変えずに足で前進すれば、安全確実にインパクトできます（右ページ写真）。しかし「5」までテークバックして、その「5」を使って打てばラケット面が大きく動くため、確実性、コントロール性に欠けます（左ページ写真）。

「5」までテークバックして「5」を使って打つとラケット面が大きく動いてしまう

テークバックはしないで「0」スタート

ラケット面を変えずにインパクト

序章　目標設定

PART 1　初心者が3ヵ月後に大会に出場する

PART 2　1回戦を戦う

PART 3　2、3回戦を戦ノ

PART 4　トーナメントを勝ち進む

PART 5　全国大会に出場する

PART 6　磨け、自分

10 ネットにつめてボレーを決める

目的効果 ネットより高い打点で決める

ネットにつめてネットに近いところでボレーが打てれば、強く打つこともアングルボレー（角度をつけたボレー）を決めることもできます。

メニュー9と同じ練習方法です。プレーヤーはサービスラインからスタートし、球出しボールに対してネットにつめてボレーを打ちます。テークバックはせずラケット面をセットして「0（ゼロ）」スタートで、足で打ちにいきます。ネットより高い位置でボレーを打てるときはスピード優先で決めるボレーを、ネットより低い位置でボレーを打つことになったらスピードは出せませんので、確実なボレーを打ちます。ラケット面を低く上向きにセットして、ネットを越えることを優先させ、角度、コースを狙って決めます。

ネットプレーヤー

0（ゼロ）スタートで、足で打ちにいく

💡Point

打点の高さはさまざまで、そのつど何を優先させて打つべきか状況判断してください。実際には対戦相手がいる状況の中で判断することを忘れないようにしましょう。

低い打点は角度、コースを優先させ相手を走らせる

高い打点はスピード優先で決めて、相手から時間を奪う

序章

目標設定

PART
1
初心者が
3ヵ月後に
大会に出場する

PART
2
1回戦を
戦う

PART
3
2、3回戦を
戦う

PART
4
トーナメントを
勝ち進む

PART
5
全国大会に
出場する

PART
6
磨け、自分

ラケット面をセットして足でボレーボレー

目的効果　フットワークで体をストライクゾーンに運ぶ

　メニュー9、10で解説したボレーを、今度はボレーボレーで行いましょう（2対2→1対1）。イメージとしてはラケット面をセット＝インパクトの形を素早くつくり、足で打ちにいきます。体をストライクゾーンに運び、足でボレーボレーをする感じです。ボレーは手ばかりに意識がいきがちですが、実は足＝フットワークが重要です。

ネットプレーヤー

右足

正面に来たボールは体を横にずらして打つ。写真は右足を横にずらしながら前に踏み込み、このあと左足をさらに前に踏み込んでいくところ

Point

フォアボレーは右足→左足、バックボレーは左足→右足でできる限り
踏み込むようにします。ラケット面をセットすれば、あとは足でストライ
クゾーンに入るだけで、大きなスイングをしなくてもボレーは打てます。

右足　　　　　　　　　　　　　　　　　　　　　　　左足

右足　　　　　　　　　　　　　　　左足

ボレーはラケット面をセットして、足でストライクゾーンに入るだけ

序章
目標設定

PART
1
初心者が
3ヵ月後に
大会に出場する

PART
2
1回戦を
戦う

PART
3
2、3回戦を
戦う

PART
4
トーナメントを
勝ち進む

PART
5
全国大会に
出場する

PART
6
磨け、自分

12 低いロブに対し上体を立ててスマッシュ

**目的
効果** ## 上半身によるスイングの加速の獲得

　スマッシュは体をターン（最短のテークバック）するとすぐに打つ体勢がつくれます。ここで紹介するメニューでは、最短のテークバックとスイングの加速を練習します。

　プレーヤーはネットに近い位置で前膝を立てて構えましょう（写真が見本）。プレーヤーの頭上に球出しで低いロブを上げるので、上体を立てたままスマッシュを打ちます。下半身を使わないスイングで、上半身のひねりと前腕の回内動作で打ちます。フィニッシュで肘が手首よりも上にあれば前腕の回内動作がうまくできています。

ネットプレーヤー

ロブを上げる人は、サービスエリアの真ん中くらい（安全を確保した場所）からプレーヤーが動かずに打てる位置に手投げで低いロブを球出し

非利き手でラケットのスロートを持って体を横向きにする。これがコンパクトなテークバック

打法はサービスと同じ。上半身は立てたまま、フィニッシュで
肘が手首よりも上にあるとラケットが加速する

序章

目標設定

PART
1
初心者が
3ヵ月後に
大会に出場する

PART
2
1回戦を
戦う

PART
3
2、3回戦を
戦う

PART
4
トーナメントを
勝ち進む

PART
5
全国大会に
出場する

PART
6
磨け、自分

13 3〜5歩、後退のフットワーク

目的 効果 進行方向に大きなステップで素早く下がる

メニュー12の続きと考えてください。プレーヤーは後方へ下がってスマッシュを打つ練習をします。プレーヤーがネットタッチしたら、球出しでロブをプレーヤー頭上後方へ上げます。これを3〜5歩で下がってスマッシュを打ち、打ったあとはふたたびネットタッチに戻って、繰り返します。

まず体をターンして横向きになりましょう。ロブを追う後退のフットワークはつま先を横向き〜進行方向に向けることが大切です。人はつま先が向いている方向に速く移動することができます。打球する段階では体をターンして、（右利きの場合、右足を横向きにして地面を踏んで）地面を蹴って、ジャンプして打ちましょう。そうすると右足と左足が入れ替わる動きになります（写真）。

ネットプレーヤー

大きい歩幅のクロスオーバーステップ

Point

深いロブに対するフットワーク、体のターン、ジャンプして打つタイミングなどを覚えましょう。まずは大きなステップで後方へ下がることから始めます。

球出しはサービスライン後方から、プレーヤーがネットタッチする瞬間に球出しする

右足で地面を踏んで、蹴ってジャンプすると、左足と入れ替わる動きになる

序章
目標設定

PART
1
初心者が3カ月後に大会に出場する

PART
2
1回戦を戦う

PART
3
2・3回戦を戦う

PART
4
トーナメントを勝ち進む

PART
5
全国大会に出場する

PART
6
磨け、自分

14 クロスラリーのポジショニング

| 目的
効果 | 一球一球で攻撃・中立・守備の判断をする |

　雁行陣のクロスラリーでポジショニングを練習します。クロスラリーを2往復したあとはフリーです。前衛は積極的にポーチボレー（横取り）に出てポイントを取りにいきましょう。陣形が崩れることがありますが、そのときはそれぞれがテリトリー（守備範囲）のセンターにポジションをとることを思い出してリカバリーし、オープンコート（隙）をつくらないようにしましょう。

　両チームの前衛がポーチボレーのチャンスを探っているため、相手の動きも見る必要があります。自分が攻撃するときはネットにつめて、相手が攻撃するときはやや後方に下がって相手の動きをよく見て、守備も行います。一球一球で攻撃・中立（ニュートラル）・守備の判断ができるようになりましょう。

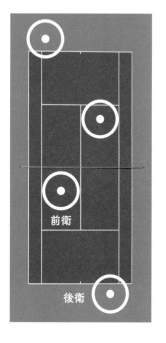

前衛

後衛

写真はセンターにサービスを打つ想定

スマッシュが攻撃的になるか、守備的になるかを見極める

🎯 Point

4人のプレーヤーはそれぞれテリトリー（守備範囲）のセンスに構えます。球テリトリーは変わるのでポジションも変えます。

手前のプレーヤーはロブを上げたあと、相手がスマッシュを難しい体勢で打つのを見て、テリトリーを修正し、ポジションを左にずらしている

序章
目標設定

PART
1
初心者が
3カ月後に
大会に出場する

PART
2
1回戦を
戦う

PART
3
2・3回戦を
戦う

PART
4
トーナメントを
勝ち進む

PART
5
全国大会に
出場する

PART
6
磨け、自分

15 ストレートラリーのポジショニング

一球一球で攻撃・中立・守備の判断をする

　雁行陣で前衛の頭上を抜けるロブが上がったあとのポジショニングを練習します。基本的には4人それぞれがテリトリー（守備範囲）を守りながらプレーしてください。

　クロスラリーを2往復したあと、片方がストレートへロブを上げます。ロブが前衛の頭上を抜けたら後衛はそのロブをカバーして、ストレートラリーを展開します。前衛はポーチボレー（ラリーに飛び込んでボレーを打つ）のチャンスを探ります。

　一方で、相手が攻撃してくるかどうかを見ながら守備も行います。一球一球で攻撃・中立（ニュートラル）・守備を判断しましょう。

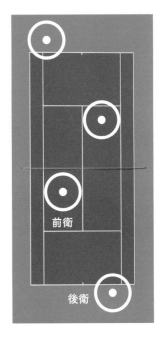

前衛

後衛

ストレートラリーの展開で前衛はポーチボレーのチャンスを探る

Point

前衛はロブをスマッシュで打てないときはハイボレーを打つという選択肢もありますが、難しいボレーになるなら無理に打たず、後衛にカバーしてもらいましょう。大きな目標はロブが上がったらスマッシュで決められるようになることです。それができると相手はロブを簡単に上げられなくなります。

ロブが前衛の頭上を抜けたら後衛がカバーして、両者はポジションチェンジ

ロブが抜けてストレートラリーになった。4人がそれぞれテリトリー（守備範囲）のセンターにポジショニング

序章 目標設定

PART 1 初心者が3ヵ月後に大会に出場する

PART 2 1回戦を戦う

PART 3 2・3回戦を戦う

PART 4 トーナメントを勝ち進む

PART 5 全国大会に出場する

PART 6 磨け、自分

壁打ち（相手がいない）は
練習の原点

　最近は、壁を使って遊べる機会が少なくなってきました。私が高校生の頃は自宅近くの公園にあるコンクリート壁を使って壁打ち練習をしたものです。テニスコートも相手もいない状況での練習には、壁打ちは最適です。

　技術のレベルアップには「最適な負荷」が求められます。壁打ち練習は、この「最適な負荷」を自分自身で設定できます。例えば「前回はサービスが連続5球入ったから今日は最低6球、できれば10球連続で入れるぞ！」といった具合です。自分で目標を設定でき、クリアするため

に一生懸命に取り組めます。自分との勝負です。

　"壁くん"と命名しますが、壁くんとの練習には2つのパターンがあります。

①練習相手が壁くん

　壁くんは絶対にミスをしません。ラリーをつなげてくれます。そこでショットの再現性を追求します。

②対戦相手が壁くん

　壁くんは必ず決まったコースにしか返球しません。駆け引きのないまじめな選手です。勝ちにいくということは、実はそれは自分との勝負です。

練習方法の紹介　| 組み合わせによって多くの練習メニュー（戦術）がつくれます。負荷設定も自由に変えてください。

グランドストローク

- フォア連続（ストレートラリー）
- バック連続（ストレートラリー）
- フォア、バック交互（クロス）
- ラリーを10回つなげたら、ゆっくりしたボールを打ち、ゆるく返ってきたボールを打ち込む、またはドロップショットを打つ
- スピン連続打ち
- スライス連続打ち
- スピン、スライス交互打ち

スマッシュ

- ワンバウンドさせて壁に当てるとロブが上がるのでスマッシュを打つ。連続打ち
- ワンバウンドさせて壁に当てるとロブが上がるので決めるスマッシュを打つ

ボレー

壁との距離を調整しながらボレーボレー
- フォア連続（ストレート）3m　1m
- バック連続（ストレート）3m　1m
- フォア、バック交互（クロス）
- ドライブボレー　ハーフボレーなど

サービス

- スピン、フラット、スライスサービス
- 的を狙う。的を徐々に小さくする。的を置いて当てる
- 連続10球当てるまでなど負荷をかける

組み合わせ

▶ サービス＋リターン（壁）＋フォアの3球攻撃
▶ サービスからアプローチダッシュ＋ボレー
▶ グラウンドストロークから前につめてファーストボレー、またはドロップボレー、など

第 3 章

2、3回戦を戦う

1

正面向きサービスでスピードアップ

| 目的 効果 | **下半身の動きに制限をかけて、上半身のひねり戻しを引き出す** |

サービスのスピードを上げるためにはスイングの加速が必要で、膝、腰、上体のひねり戻しとそれらの動きの連動が重要になります。そこで次のような練習をしましょう。両足のつま先をベースラインに接地させて体をラインに平行にします。胸が正面を向いた状態で足を固定し、その状態からサービスを打っていきます。両足を固定しているので打点は通常のサービスよりも低く、右肩の延長線くらいが自然な軌道です。第1章のサービスメニュー「アンダーサービスからオーバーサービスへ」も参考にしてください。

● レシーバー

サーバー

コンチネンタル
グリップ

斜め上にトスを上げて
上体をひねる

Point

正面向きで両足を固定します。スイングの加速にはコンチネンタルグリップが必要です。腕を自然な状態で下ろすと（サービスの構えをすると）ラケット面は上向きになります（写真のプレーヤーは腕を上に上げているのでラケット面が下を向いています）。

上体のひねり戻しでスイング。左肩と右肩をしっかり
入れ替える

打点はこの高さ（両肩の延長線が自然）

上体のひねりを戻して、ヘッドスピードが上がるスイング軌道を探そう

序章
目標設定

PART
1
初心者が
3カ月後に
大会に
出場する

PART
2
1回戦を
戦う

PART
3
2・3回戦を
戦う

PART
4
トーナメントを
勝ち進む

PART
5
全国大会に
出場する

PART
6
磨け、自分

2 セカンドサービスで自分と勝負

目的 効果 ゲーム感覚でコースを狙い、確率アップを図る

セカンドサービスでコースを狙い、確率アップをゲーム感覚で身につけます。サービスエリアをラインテープなどを使い3等分してください。デュースサイドにA（ワイド）、B（ボディ）、C（センター）、アドバンテージサイドにD（センター）、E（ボディ）、F（ワイド）と6つのエリアをつくります。

各エリアに対してセカンドサービス（1球）を打ち、入れば15-0、入らなければ0-15というようにスコアを数えて1ゲームをプレーします。4つ連続して入れば1ゲーム獲得です。セカンドサービスで自分と勝負をして、勝利を目指しましょう。1ゲームが終わったら次のエリアでまた1ゲームを行います。

● レシーバー

サーバー

右ページ（下写真）の拡大写真

💡Point

セカンドサービスのボール軌道（高さ）と深さ（奥行き）を磨いてください。もしも狙うエリアを選べるなら、おすすめの順序があります。F→C→D→A→E→B。アドバンテージサイドからF（ワイド）を狙う動作は、サービスの打法的に一番理に適っています。

エリアを3等分し、決まったエリアにセカンドサービスを打つ。入ったら1ポイントで、1ゲーム獲得を目指す

最初は1ゲームを同じエリアでプレー。慣れてきたらやり方を工夫しよう。1ポイントごとにサイドを変える、狙うコースを宣言してから行うなどの方法もある

序章
目標設定

PART
1
初心者が
3カ月後に
大会に出場する

PART
2
1回戦を
戦う

PART
3
2、3回戦を
戦う

PART
4
トーナメントを
勝ち進む

PART
5
全国大会に
出場する

PART
6
磨け、
自分

3 サービスからの3球目（フォア）攻撃

> **目的効果** コースを狙い、レシーバーの返球を予測して
> ポジションを移す

ここで紹介する3球目攻撃は、サービスの戦術でもっともポイントが取れるパターンのひとつです。サーバーは、デュースサイドからワイド方向にスライスサービスを打ち、レシーバーをコートの外へ追い出します。そうするとオフェンスゾーン（センターサービスライン付近）にリターンが返ってきます。そのボールをサーバーは（よいサービスが入ったと判断した時点で）前方へ移動する準備をしておき、フォアハンドでオープンコートに攻撃していきます。この2球目のリターンを球出しで行います。両サイドを練習しましょう。

● レシーバー

サーバー

ココに注意！

実際のプレーにおいてサービスが狙い通りに入らないときは、よいリターンが返ってくる可能性があるので、サーバーはベースラインの後ろへ下がってラリーを続ける必要があります。

❶サービスをワイドに打つ

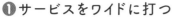

❷リターンが甘く返ってくる（球出し）

❸前進してフォアハンドでオープン攻撃

攻撃的なサービスを打ったあとは甘い返球を予測して、ポジションをベースラインより前にして次のチャンスボールに備える

4

打ち込み対ディフェンスラリー

目的 効果 攻める側も守る側も確実に返球する

テニスのラリーにはオフェンス（攻める）、ニュートラル（中立）、ディフェンス（守る）という3つの状況があります。プレー中は一球ごとに攻守が変わったり、ニュートラルになったり、状況は変化します。

ここで行う練習は1対1のラリーですが、攻守を固定して行います。片方はオフェンスゾーンでボールを打ち込み、もう片方はディフェンスゾーンでボールをつなげてラリーをします。

打ち込むほうはストライクゾーンに素早く入ります。もしもストライクゾーンに入れなかった場合は打ち込めないので、そのボールは深くつないでください。一方、つなぐほうはベースライン後方で打ち込まれたボールを押し返すように、確実に返球することを心がけます。

ベースライン
プレーヤー

ストライクゾーンに入って打ち込む

ココに注意！

　つなぐほうが返球は難しいです。なぜなら相手が打ち込んだボールはバラつくことが多く、高さも深さも違います。それに対して打ち込むほうは優位な立場にありますが、毎回ストライクゾーンに入って最適な打点で打つために高い集中力が必要です。

ディフェンス側

オフェンス側

Point

　打ち込むほう（オフェンス側）はいつも上半身を立てて体重移動で打球します。つなぐほう（ディフェンス側）はポジションをベースラインよりも後方にして時間をつくり、アタックに備えます。

序章
目標設定

PART
1
初心者が3カ月後に大会に出場する

PART
2
1回戦を戦う

PART
3
2・3回戦を戦う

PART
4
トーナメントを勝ち進む

PART
5
全国大会に出場する

PART
6
磨け、自分

ストライクゾーンで 3 回打つ

目的
効果 **ポジションを変えてもストライクゾーンで打つ**

　グラウンドストロークでもっとも力が入るストライクゾーンは、膝から胸の高さです。このメニューでは、すべてのボールを胸のあたりで打つようにします。相手が打ったボールに対して、ストライクゾーンで打つチャンスはA、B、Cの3回あります。Aはドライブボレー（ノーバウンドで打つスイングボレー）、Bはライジングショット（ボールの上がり際を打つ）、Cはボールがやや落ちてきたところ（バウンド後のボール軌道を8分割で考えて8分の4か5のあたり）です。

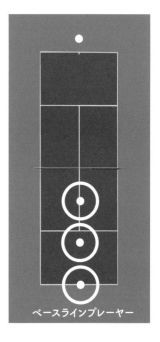

ベースラインプレーヤー

ココに注意！

　この中でもっとも攻撃的なショットはAです。ネットに近づいてストライクゾーンに入れれば、相手から時間を奪うことができます。相手との距離を考えれば、次に攻撃的なのがB。Cは、BやAのチャンスをうかがいながらプレーします。BやAが来たのにボーッとしていて見過ごし、ただのボールにしてしまうかは、あなた次第です。

バウンド後のボール軌道
8分の4か5くらい

💡Point

　このメニューは相手のプレーによるところが大きく、予測も必要です。
例えば、相手がスライスの構えでゆっくり返そうとしているなら素早く
Aに入り込みます。球出しの練習においても相手をよく観察して、スト
ライクゾーンに入って攻撃的に打てるチャンスを探ってください。

ライジングショット　　　　　　　　　　　ドライブボレー

序章

目標設定

PART
1
初心者が
3カ月後に
大会に出場する

PART
2
1回戦を
戦う

PART
3
2、3回戦を
戦う

PART
4
トーナメントを
勝ち進む

PART
5
全国大会に
出場する

PART
6
磨け、自分

6 ニュートラライズボールを覚える

目的効果 クロスのスライスとスピンを使い、時間をつくる

テニスにはオフェンス（攻める）、ニュートラル（中立）、ディフェンス（守る）という3つの場面がありますが、その中で使えるニュートラライズボールを覚えましょう。

相手が攻めてきたときは守らなければなりません。そこで無理に強打をしたり、コースを狙うなどして一発逆転を狙うのはリスクが大きく、ポイントを失う可能性が高いです。そのときの最善はまずラリーをニュートラルに戻すこと。ボールを深く返して時間をつくり、ポジションをニュートラルな状態に戻します。このボールをニュートラライズボールと呼びます。クロスのスライスとスピンを練習していきましょう。

Point

スライスはどれくらいのスイングをすればボールがそれほど浮かずに、かつ深く打てるのか、このメニューの中でつかみましょう。スライスが深く打てれば時間をつくることができます。そして相手は深い場所から低い打点で打たなければいけないので簡単に攻撃ができません。

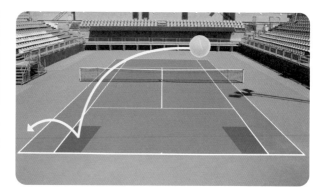

クロスの深いエリアを狙う

クロスのスピンで時間をつくり、リカバリー（ニュートラルな状態に戻す）

クロスのスライスで時間をつくり、リカバリー（ニュートラルな状態に戻す）

序章
目標設定

PART
1
初心者が
3ヶ月後に
大会に出場する

PART
2
1回戦を
戦う

PART
3
2、3回戦を
戦う

PART
4
トーナメントを
勝ち進む

PART
5
全国大会に
出場する

PART
6
磨け、自分

7 ボレーヤーの足下に沈むボールを打つ

目的 効果 トップスピンとスライスで深さを変える

　短いボールを球出しされたプレーヤーがアプローチショットを打ってネットにつめます。ベースラインプレーヤーはそのアプローチショットを返球して、両者はポイントを奪い合います。

　ネットプレーヤーがネットよりも高いところでボールをとると、パンチボレー（決め球）や角度のついたアングルボレーが打てるため有利です。そこで、ベースラインプレーヤーはネットプレーヤーの足下に沈むボールを打って、ネットよりも低いところで打たせ、状況をディフェンスからニュートラル（中立）に戻すようにします。これもメニュー6と同じ、ニュートラライズボールの練習です。

ネットプレーヤー

ベースライン
プレーヤー

💡 Point

　相手の足元へ打ってハーフボレー（バウンド直後に打ち返すボレー）やローボレーを打たせます。ハーフボレーやローボレーはネットの下から上へ上がるボール軌道となるため、そのショットで決まることはほとんどありません。どこへ飛んでもカバーでき、チャンスも生まれやすくなります。簡単に攻撃をさせず、ニュートラルに戻すことを考えてプレーします。

ココに注意！

　沈めるボールはパッシングショット（相手に取らせず抜くショット）である必要はなく、スピンやスライスの回転を使い、相手に低い姿勢で打たせればよいのでコントロールを重視してください。

1 球出し

アプローチショット

3 足下へ沈める

4

Point

相手が足下でハーフボレーを打つのを見て、次は短いボールがくるかもしれないと予測、前進して構えます。

5 浮いて短くなったボールに反応して前進し、オープンエリアに返球

序章　目標設定

PART 1　初心者が3ヵ月後に大会に出場する

PART 2　1回戦を戦う

PART 3　2回戦を戦う

PART 4　トーナメントを勝ち進む

PART 5　全国大会に出場する

PART 6　磨け、自分

8 サービスラインからのサービスを踏み込んでリターン

目的効果 ユニットターンと体重移動で素早い動きと大きなエネルギーを得る

レシーバーのレベルアップを目指します。サーバーはサービスラインからサービスを打ち、レシーバーとの距離をつめます。レシーバーは距離がつめられたことにより時間的な負荷がかかり、適応するためには、手や腕でラケットを引くのではなく上半身をひとかたまりでターン＝ユニットターンを行います。ターンと同時に（右利きのフォアハンドの場合）、右足を踏み出し、続いて左足を前方へ踏み込んで、体重移動でリターンを打ちます。ユニットターンと体重移動でリターンすることを覚えます。

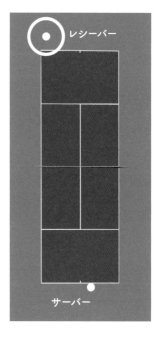

レシーバー

サーバー

球出し（サービス）はサービスラインから

Point

速いサービスを返球するときは特に、ユニットターンと体重移動がポイントになります。手や腕でラケットを後ろへ引こうとすると上体がひねれないばかりか時間がかかり、振り遅れたり、ラケット面がぐらついたりします。上体をひとつのユニット（塊）としてひねり→戻すユニットターンをすると時間を短縮でき、素早い動きと、かつ大きな筋肉で反応することができます。

スプリットステップからディサイデッドステップ（片足着地）。ユニットターンが始まる

右足を踏み込み、続いて左足を踏み込みながらリターン

序章

目標設定

PART
1
初心者が３カ月後に大会に出場する

PART
2
１回戦を戦う

PART
3
2・3回戦を戦う

PART
4
トーナメントを勝ち進む

PART
5
全国大会に出場する

PART
6
磨け、自分

9 回り込みフォアハンドで
ストレートへ攻撃リターン

目的 効果 プレッシャーがかかるセカンドサービスを攻撃する

セカンドサービスはサーバーにとってあとがないため、少しプレッシャーがかかります。さらに重要な場面ではより大きなプレッシャーがかかるでしょう。そのため、サーバーは安全にサービスを入れようとして、スピンサービスを打ってくることが多くなります。

そこでレシーバーはその心理を読んで、回り込みフォアハンドで攻撃を仕掛けます。サーバーはセカンドサービスを打ち、レシーバーはこれをストレートへ打ってポイントを取りにいきます（勝負に出ます）。ダブルスでは相手前衛に対してアタックを仕掛けます。

レシーバー

サーバー

Point

レシーバーは練習方法を知っている＝サービスを読んでいるので、早めに大きく回り込んでストライクゾーンに入り、体軸を立てた状態でハードヒットします。これができれば正確なショットが打て、体勢が崩れませんのでオープンコートへのリカバリーが素早く行えます。

サービス（または球出し）は、レシーバーがストレートを狙うので両サイド同時に行わない

ディースサイド

体軸を中心とした体のターン、そしてストライクゾーンに入ることでリターンのコースが相手にわからない

アドバンテージサイド

回り込みフォアハンドを打ったあと体勢が崩れていないので、おそらくリカバリーが素早く行える

ココに注意！

回り込んだときに体が動いている方向へ流れるとショットが安定しないばかりか、センターへのリカバリーが遅れます。

序章 目標設定

PART 1 初心者が3カ月後に大会に出場する

PART 2 1回戦を戦う

PART 3 2、3回戦を戦う

PART 4 トーナメントを勝ち進む

PART 5 全国大会に出場する

PART 6 磨け、自分

10 浮いたボールをネット際までつめて決める

目的 効果　ネットへ走り込んでボレーを確実に決めきる

　ボレーはネットに近いところで打ったほうが決まりやすいです。なぜならネットの上から強打できるほか、角度をつけて相手から遠いところへ打つことができます。

　ボレーを決めきれないプレーヤーによくある問題は、ネットから遠い場所、サービスライン付近でボレーを決めようとすることです。そこでネット近くに落ちる山なりのボールを球出しします。プレーヤーはサービスラインとベースラインの中間からスタートし、ネット際へと全力で走り込んで確実にボレーを決めます。

⚡Point

　プレーヤーは上半身をターンしてラケット面をセットした状態（余計な力は入れずリラックスした状態が望ましい）で走り込みます。腕は振りません。

球出しをする人は、ネット近くにふわりと落ちるボールを出す。プレーヤーはネット際までしっかり走り込めばハイボレー（パンチボレー）が打てて、走りが足りないとローボレーになる

序章　目標設定

PART 1　初心者が3ヵ月後に大会に出場する

PART 2　1回戦を戦う

PART 3　2・3回戦を戦う

PART 4　トーナメントを勝ち進む

PART 5　全国大会に出場する

PART 6　磨け、自分

117

11

同じテークバック(セット)から ボレーを打ち分ける

目的 効果 ラケット面の向きと腕の力の入れ方で 数種類のボレーを打つ

　ボレーの腕の使い方を練習します。基本的にすべてのボレー（パンチボレー、ドロップボレー、ロブボレー）を同じテークバック（セット）から打ち分けてください。ラケット面の向きと腕の力の入れ方を調整することによって、ボールのスピードや回転をコントロールします。

　ドロップボレーはラケット面をゆっくり動かす感覚です。ボールのエネルギーを吸収するように握ってください。パンチボレーはラケット面を鋭く前に走らせる感覚です。肘より先を前に出し、瞬間的に強く握ってください。ロブボレーはラケット面を上に向けてフラット気味に運ぶ感覚です。

ネットプレーヤー

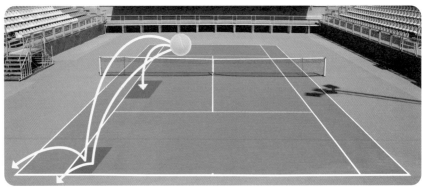

パンチボレーとロブボレーは深いエリア、ドロップボレーは浅いエリアを狙う

💡Point

すべてのボレーはコンチネンタルグリップのアンダースピン（スライス）が基本です。ラケット面は開き気味に、胸の前にセットします。

パンチボレー

ラケット面を鋭く前に走らせる感覚

ドロップボレー

ラケット面をゆっくり動かす感覚

ロブボレー

ラケット面を上に向けてフラット気味に運ぶ感覚

PART
3
2・3回戦を戦う

PART
4
トーナメントを勝ち進む

PART
5
全国大会に出場する

PART
6
磨け、自分

12 フットワーク＆ボレーボレー

目的 効果 インパクトの形を安定させ、 足でストライクゾーンに入る

サービスライン上でボレーボレーを行います。86、87ページのメニュー11ではインパクトの形をつくってボレーボレーを行いましたが、ここではパワーポジションからフォア、バックを上半身の形（すなわちインパクトの形）を一定に、2ステップ（フォアボレーは右足→左足、バックボレーは左足→右足）で動いて打ち、打ったら元に戻ります（バックステップ）。踏み込んで打ちたいので、移動距離（踏み込むと1m前進）を考えてサービスライン上をスタート地点にします。

球出しはプレーヤーの横から行い、途切れたらすぐに次のボールを出してプレーが続くようにしてください。3分間行います。

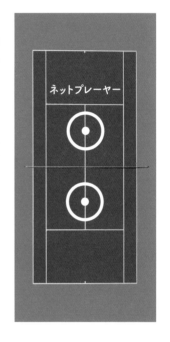

ネットプレーヤー

左足　右足

序章
目標設定

PART
1
初心者が
3ヶ月後に
大会に出場する

PART
2
1回戦を
戦う

PART
3
2〜3回戦を
戦う

PART
4
トーナメントを
勝ち進む

PART
5
全国大会に
出場する

PART
6
磨け、自分

💡Point

ゆっくりつなげるのではなく、テンポのよいラリーの中で練習します。インパクトが常に体の前のストライクゾーンにあるように、フットワークで体をコントロールします。

ココに注意!

肘の曲げ伸ばしでインパクトをコントロールしないようにしてください。インパクトの形を安定させることを目指します。

13

連続手投げトスで時間負荷をかける

目的
効果
時間負荷で技術力を上げる

　ネットの近くから10球連続で手投げトス（ロブの意味合い）を上げます。プレーヤーは振り遅れないようにスマッシュを打ちます。

　スマッシュのテークバックはユニットターン（体をひとかたまりでターンする）で、左手を使って行いましょう。左手をラケットのスロートに添えてターン。その左手でラケットを上に上げるようにすると、右手は脱力できます。ユニットターンでは右足のつま先をサイドライン方向へ向けて体を横向きに、スイングするときは足裏を地面につけてパワーを出します。

ネットプレーヤー

球出しは安全を確保した場所で行う。プレーヤーが連続して打てるようにリズムをつくる

序章

目標設定

PART
1
初心者が
3カ月後に
大会に出場する

PART
2
1回戦を
戦う

PART
3
2、3回戦を
戦う

PART
4
トーナメントを
勝ち進む

PART
5
全国大会に
出場する

PART
6
磨け、自分

足裏を地面に
つけてパワー
を出す

🔅 Point

10球連続で行うことにより、余計なことをする時間がないので、無駄のないコンパクトなスイングにつながります。ユニットターンを覚えれば、あとは打つだけの状態になります。例えば大きく移動したり、ジャンプするなど負荷がかかったときでも対応できます。

14

つめてボレー、下がってスマッシュ

目的 効果 ボレーと組み合わせて 前後の動きと技術を高める

スマッシュとボレーの組み合わせを球出しで練習しましょう。プレーヤーはネット際までつめてボレーを決めにいきますが、そのあと（相手がロブで返してきた想定で）ロブが上がりますので、サービスラインまで下がってスマッシュを打ちます。これは試合でよくあるケースです。

そこで、①フォアボレーを打ったあと、左斜め後ろに下がってスマッシュ（写真下）、②バックボレーを打ったあと、右斜め後ろに下がってスマッシュ（写真右）の組み合わせを練習します。最初は①か②のパターンからどちらかひとつを、ひとりのプレーヤーが繰り返し練習します。動く範囲は一面または半面で行います。

パターン❶

パターン❶は、ネットにつめてフォアボレーを打ったあと、左斜め後ろに下がってスマッシュ

パターン❷

Point

ボレーを決めたいところですが、対戦相手はそれをなんとか返そうとしてきます。ロブが上がってくる可能性がありますから、次にスマッシュで決めにいきます。スマッシュ、ボレーは別々に考えるのではなく、両方を組み合わせてポイントを取ることも考えましょう。

パターン❷は、ネットにつめてバックボレーを打ったあと、（相手がロブで返球してきた想定で）右斜め後ろに下がってスマッシュ。この動きをひとりのプレーヤーが繰り返し練習する

序章
目標設定

PART 1
初心者が3ヶ月後に大会に出場する

PART 2
1回戦を戦う

PART 3
2、3回戦を戦う

PART 4
トーナメントを勝ち進む

PART 5
全国大会に出場する

PART 6
磨け、自分

15 ペアでボレーボレー、全員が足下を狙う

目的効果 ローボレーは沈めてつなぎ、
ハイボレーは決める

　ペアでボレーボレーを行います。全員がサービスライン上に立ち、足下を狙い合います。その中でボールが浮いて高い打点で打てるときは、ネットにつめて決め球を打ちます。しかし、低い打点（ローボレー）はつなぎます。足下に沈めることで相手に決め球を打たせないようにします。

　一方で浮いたときは見逃さず、すかさずネットにつめて決め球を打ちますが、そのボールは足下に決めるようにしてください。

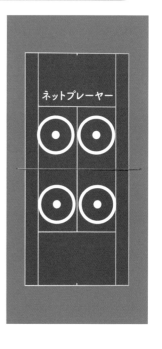

ネットプレーヤー

Point

　ローボレーを相手の足下へ打つときは、ボール軌道をイメージしましょう。ネット上、またはネットの手前にボール軌道の頂点がくるように打つと、放物線が高くなりすぎません。それでもボールが浮く人は距離が長いクロスに打ちましょう。クロスはネットが低くなっているところを通せるので、低く打っても安全です。

ペアでネットにつめている場面はもっとも攻撃的な陣形。■ボールが浮くと2決められてしまうので、
3足下にコントロールする

序章
目標設定

PART
1
初心者が
3カ月後に
大会に出場する

PART
2
1回戦を
戦う

PART
3
2、3回戦を
戦う

PART
4
トーナメントを
勝ち進む

PART
5
全国大会に
出場する

PART
6
磨け、自分

16 前衛は積極的にポーチに出て ポジションチェンジ

目的 効果 つなぎ球と決め球の判断力をつける

雁行陣で前衛がポーチボレー（横取り）に出る練習です。ポーチボレーに出たあとは、後衛とサイドチェンジをします。ポーチに飛び出した前衛を後衛がカバーしないと半面のコートが空くことになりますから、しっかりとカバーして一面をふたりで守る陣形をつくります。94、95ページのメニュー15でロブからのストレートラリーの展開を紹介しました。同様に、ポーチボレーからサイドチェンジをしてストレートラリーの展開をします。

練習方法は、サービスの代わりに球出しからスタートし、クロスラリーを2往復したあとはフリー。どちらの前衛がポーチに出てもOKです。

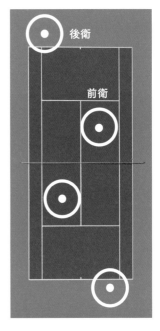

後衛

前衛

💡Point

前衛がポーチに出るヒントは、自分のパートナーの後衛が打ったボールによって、相手後衛がどのような体勢で返球しているかを見ることです。例えば、相手が深い場所で体勢を崩して余裕がないときはポーチに出るチャンス。積極的にポーチに出ます。相手がポーチを嫌がり避けてくるようなプレーを始めたら、それは相手が打てる範囲を狭められたということでポイント獲得にもつながっていきます。

クロスラリーの中で **1** ポーチに出る（相手後衛の体勢は崩れておらず、判断ミス）

前衛はポーチできず、その場に残り、後衛は **1** のボールのカバーに走る

その様子からポーチのチャンスと判断して **2** 相手前衛が飛び出す

3 オープンコートに決める

前衛はここ！というときを見極め、思いきってポーチに出る。後衛は空いたスペースをカバーする（サイドチェンジ）

17 アイ・フォーメーションにトライ

目的効果 打ち合わせをして動き（スイッチ）を共有する

　サーバー側の前衛が積極的にポイントを取る陣形にアイ・フォーメーションがあります。それはサーバーとその前衛、レシーバーが一直線上に並ぶ形で、その形がアルファベットのアイ（I）であることからアイ・フォーメーションと呼ばれています。

　これをするメリットは、①センター寄りからサービスを打つためテリトリーを狭くすることができます。レシーバーは前衛に取られないように返球しようとして、打てる範囲が狭くなります。②サーバーの前衛が左右どちらに動くかわからないため（スイッチの動き）、レシーバーがコースの選択に迷います。これらのことからサーバー側の前衛がボールを取れれば、ボレーで決まる確率は高いです。この陣形をつくったら半分以上は前衛がボレーするつもりで積極的なプレーをしましょう。

レシーバー

前衛

サーバー

ココに注意！

　アイ・フォーメーションはセンターへのサービスを中心にボディへのサービスもまぜて、リターンをつまらせると有効です。サイドに打つとテリトリーが広くなることに加え、前衛、後衛ともに移動する距離が長くなるので余裕がなくなります。

序章

目標設定

PART

1

初心者が
3カ月後に
大会に出場する

PART

2

1回戦を
戦う

PART

3

2・3回戦を
戦う

PART

4

トーナメントを
勝ち進む

PART

5

全国大会に
出場する

PART

6

磨け、自分

🔅 Point

アイ・フォーメーションは事前の打ち合わせ（サインプレー）が必要です。オープンコートができる陣形から始まるので、テリトリー（守るべき範囲）をふたりで分担するために、前衛が左右どちらに動くかということを明確にする必要があります。打ち合わせはポイントの前に口頭で話すか、前衛が後衛に方向を指示するなどの方法があります。それによって情報を共有し、テリトリーの変化に対応します。

センターへのサービス
で右に動くと指示

アイ・フォーメーションはレシーバーから見るとサーバー側前衛がどちらに動くかわからない。一方、サーバー側はサインプレーによりサービス後のテリトリーの移動（スイッチ）を想定している

前衛はサインプレーの通り、右に動いてクロス方向にきたリターンをボレーでとらえた。ふたりがテリトリーのセンターに移動すればオープンコート（隙）はできない

— — — — — — — — 線がサインプレーで予定しているテリトリー

ダブルスは究極のチーム競技
〜信頼と責任

シングルスはすべて1人でプレーする個人競技、ダブルスは2人でプレーするチーム競技です。ダブルスは、よく1＋1が3にも4にもなると言われますが、その通りだと思います。

チーム力はお互いを知るところから——名古屋高校テニス部では時々、ペアのよいところをお互いに言わせていました。テニスの技術でも性格的なことでもいいので、お互いを知ること、知ってもらっていることがパートナーとの信頼関係やダブルスの戦術を構築するのに役立ちました。

例えば、パートナーがサービスの強い選手であれば、リターンをポーチで決めにいく。2人ともボレー、スマッシュがうまければ、積極的にネットをとりにいく。パートナーのフォアハンドがうまければ、パートナーにフォアを多く打たせるフォーメーションを軸にするなどです。

長い間ペアを組んでお互いのことがわかってくると、相手のサービスを見て、パートナーがどんなリターンを打つかがわかります。パートナーを知り尽くしているからできる予測の早さは、一瞬で勝負するダブルスにとって大きなアドバンテージです。

信頼関係のあるプレー、戦術——パートナーのファーストサービスの確率がよく7割以上入ると、パートナーへの信頼が高まり、テンポのよい動きができます。パートナーのファーストサービスの確率が低く、セカンドサービスが多くなるとポジティブなイメージが持てず、逆に相手にプレーを予測されやすくなります。負ける試合は、パートナーを信用せず、2人でテニスをすることを忘れてしまう場合が多いです。パートナーの存在を忘れ、ファーストサービスでエースを取りにいく場合はチーム力が下がっています。

パートナーを信頼した上で自分の責任を果たすことを心がける——「信頼と責任」はダブルスのキーワードです。サービスやリターンの前にフォーメーションを確認し、相手にプレッシャーを与えながらプレーできれば、1＋1＝3となります。また、パートナーが弱気のときには、「リターンをストレートに打っていこう」と戦術を指定して迷いをなくすことも、チーム力を上げるアイディアです。

第4章

トーナメントを
勝ち進む

落下地点ではなく到達地点にターゲット

目的効果 レシーバーが実際に打つ位置と
ボールの高さをコントロールする

　サービスがどれくらいレシーバーにプレッシャーを与えているかを知ることが、サーバーにはもっとも重要な情報です。スピード、回転にも増して、レシーバーが打つ場所や打点の高さでサービスの質は決まります。

　このメニューではレシーバーに打たせたい場所、打点の高さにターゲットをつくり、サービスで狙います。ターゲットは例えばカメラ三脚にフラフープをセットした手づくりのもの（簡単に移動できます）から、写真のように審判台をレシーバーに見立てて設置し、ステップの高さを打点にして狙うこともおすすめです。

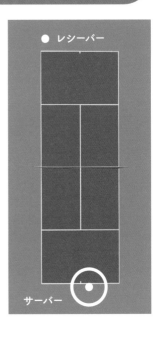

● レシーバー

サーバー

審判台がレシーバー

🔆Point

　ダブルフォールトをしない安定したサービスを打つことはもちろん重要なことですが、サービスエリアに入れることを最終目標にしてはいけません。サービスは相手との勝負に勝つために打つ第1打です。相手にどこでどう打たせてポイントを取るかを考え、そのために必要なサービスを打ちます。サービスの目的は何かを、常に意識してプレーすることが大切です。

レシーバーに打たせたい場所（審判台）、打点（ステップの高さ）を設定してサービス練習をする

サーバーは、サービスエリアにボールを入れることを目指すのではなく、入れた先を考えて打つ

序章
目標設定

PART
1
初心者が3カ月後に大会に出場する

PART
2
1回戦を戦う

PART
3
2、3回戦を戦う

PART
4
トーナメントを勝ち進む

PART
5
全国大会に出場する

PART
6
磨け、自分

10球中何球入るか確率を考える

目的 効果 ファースト、セカンドの確率を上げる 習慣を身につける

サービスエリアを3等分し、宣言したエリアにサービスを打ちます。ファーストサービスは3球目攻撃を意識し、相手にプレッシャーをかけるサービスを打つようにしましょう。ファーストサービスは10球中7球が目標です。また、セカンドサービスは相手の苦手に打つイメージを持って10球中10球の成功が目標です。

サービスゲームをキープするために必要な確率は、ファーストサービスが70％で、60％ではその確率が下がると考えます。セカンドサービスはすべて入れないと失点するため、あくまで100％を目指します。ただし、ただ入れればよいというわけではありません。常にポイント獲得を目指したサービスを狙って打ちます。

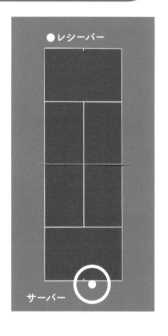

●レシーバー

サーバー

ただ打ちっぱなしの練習はしない

Point

打ちっぱなしのサービス練習はせず、ファーストサービスの練習、セカンドサービスの練習を目的をもって行います。常に狙って打つことと、確率を考えながら上げていく努力をすること、その習慣を身につけましょう。

ひとりのプレーヤーが同じコースに10球打ち、何球入ったか数えて確率を出す。
これを習慣づけることは実際の試合でのサービス修正に役に立つ

狙うエリアは最初は固定し、日によって変えるなどいろいろなコースを練習する

序章
目標設定

PART
1
初心者が
3ヵ月後に
大会に出場する

PART
2
1回戦を
戦う

PART
3
2、3回戦を
戦う

PART
4
トーナメントを
勝ち進む

PART
5
全国大会に
出場する

PART
6
磨け、自分

3 サーブ＆ボレー（チャンピオンゲーム）

目的効果 サービスダッシュで戦術の幅を広げる

　サーブ＆ボレー（サービスダッシュ）の練習を
ダブルスコートの半面で1対1で行います。タイ
ブレーク（7点先取）で対戦してください。サー
バーは1ポイントにつきサービスを1本だけ持っ
ていて必ずサービスダッシュをするルールです。
写真は1コートで2組が練習していますが、複数
面でいっせいに行ってもよい練習です。どこかの
対戦の決着がついた時点で、全対戦は打ち切りと
し、スコアがよい人の勝ちとします。そして勝っ
た人は上位コートへ昇格、負けた人は下位コート
へ降格します。

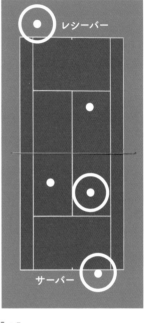

レシーバー

サーバー

💡Point

　ダブルスでの戦術に幅を持たせるよう
に、サービスダッシュの練習をします。
サービスダッシュをすると平行陣につな
がります。半面で行うことでボレーを打
つ回数が増えますので、ファーストボレ
ーからつめるボレー、下がって打つスマ
ッシュ、アングルボレーなどを練習しま
しょう。
　一方でベースラインプレーヤーは簡単
にボレーやスマッシュを打たせないよう
にショットを沈めたり、沈めたあとネッ
トに出たり、ロブの精度を上げるなどの
プレーを練習します。お互いにどうした
らポイントが取れるかを考えて半面をフ
ルに使ってください。

半面のクロスコートで1対1の勝負。サーバーはワンサービスでサーブ&ボレーをしなければいけない。7点先取

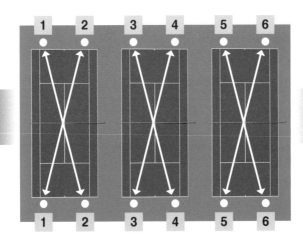

勝てば昇格

負ければ降格

写真は3面で12人がプレーしているが、待機のプレーヤーを
加えるなど人数に合わせてルールをアレンジしよう

序章
目標設定

PART
1
初心者が
3カ月後に
大会に出場する

PART
2
1回戦を
戦う

PART
3
2、3回戦を
戦う

PART
4
トーナメントを
勝ち進む

PART
5
全国大会に
出場する

PART
6
磨け、自分

4 ボレー対ストロークの突き上げ

目的 効果 素早い準備でコースを隠す、選択肢を増やす

ダブルス半面のストレートコートで、ボレー対ストロークを1対1で行います。最初はつなげるモードで、次に勝負モードでプレーします。

ボレーに対してベースラインプレーヤーは時間がありません。ユニットターン（体をひとかたまりにしてひねる）で素早く準備するとともにコースを隠し、突き球（ボレーヤーに打たせるグラウンドストローク）かロブかの選択をします。アドレス（足の位置）を決め、体軸を立てるとコースが隠せます。ユニットターンが十分でなく体軸が前傾したり後傾したりすると、正確に打てないばかりかできることが限られショットを読まれます。

ネットプレーヤーは最初はラリーをつなげるようにボレー、スマッシュを深く返球します。その後、勝負モードになったらドロップボレーやスマッシュも使って決めにいきます。

コース を 隠す

コースを隠す

突き球

ロブ

ネットプレーヤー

相手のポジションを見て、後退
しているときはドロップショッ
ト、ネットにつめてきたときは
足下へ沈めるなど、ショットを
組み合わせて駆け引きをする

ベースラインプレーヤー

相手のポジションを見て、駆け引きをする。ネットから離
れているときは足下へ沈め、つめているときはロブも使う。
自分のショットが読まれないように打法にも注意を払う

序章

目標設定

PART
1
初心者が
3ヵ月後に
大会に出場する

PART
2
1回戦を
戦う

PART
3
2・3回戦を
戦う

PART
4
トーナメントを
勝ち進む

PART
5
全国大会に
出場する

PART
6
磨け、自分

MENU フォアハンド＆バックハンド

5 アプローチショットでネットをとる

目的 効果 相手のバランスを崩してネットでポイント獲得

クロスラリーで2往復したあとフリーの展開ですが、両者ともアプローチショットを打ってネットでポイントを取ることを目指します。

アプローチショットのキーワードは相手のバランスを崩す、です。①崩してネットに出る、②崩れたらネットに出る、③意表をついてネットに出るなどの方法がありますが、ここでは相手のバランスを崩してネットに出ることに挑戦しましょう。崩すショットにはいろいろありますが、スライスやドロップショット、ドライブボレー、深いロブなども含めて、バランスの崩し方を覚えてください。

ベースライン
プレーヤー

ベースライン
プレーヤー

相手がバランスを崩したとき以外の ネットに出るべきケース

1 ▸ 相手のポジションが悪く、オープンコートができたとき
2 ▸ 意図せずも相手のバランスが崩れたとき（見逃さない）
3 ▸ 深いボールに対して相手が（油断して）深いボールを 返そうとしたとき（読めたとき）

拡大写真

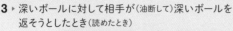

深いボールをクロスに打ってオープンコートをつくる

返球が浅くなる

アプローチショットをダウン・ザ・ラインへ打つ

ネットにつめてドロップボレー

バックハンドの返球でバランスが崩れてリカバリーが遅くなる

序章
目標設定

PART
1
初心者が3カ月後に大会に出場する

PART
2
1回戦を戦う

PART
3
2、3回戦を戦う

PART
4
トーナメントを勝ち進む

PART
5
全国大会に出場する

PART
6
磨け、自分

6 コースを変える（クロス、クロス、ストレート）

ボール軌道とリカバリーの速さを調整して攻守をコントロールする

1対1で1面を使い、コースを変更しながらラリーを続けます。両者が打つコースは決まっていて片方（写真／ネットの手前側）のプレーヤーはクロス、クロス、ストレートの順、もう片方（写真／ネットの向こう側）のプレーヤーはクロス、クロスに返球します。1面をカバーしますのでボール軌道とセンターへリカバリーする速さをコントロールします。1対1または1対2でもできます。

クロス → クロス

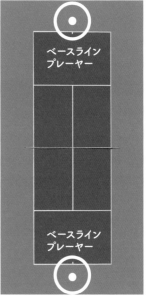

💡Point

このメニューは状況判断とともに技術のレベルアップを目指しています。打つコースが決まっていますのでそれを実行するには、相手のボールを見極めて（状況判断）、ストライクゾーンに入り、自分が打つボールが安定するようにします。

相手のボールが深かったり、速いときは無理に攻撃的に打ったりせず、速度を落としてボールを安定させるようにします。また、浅いボールやゆるいボールが来たときは、しっかりとボールを押し込んで一定の速度を保ちます。

クロス → クロス → ストレート

ネット向こう側のプレーヤーはクロス→クロス

手前のプレーヤーは 1 クロス→ 2 クロス→ 3 ストレート

序章

目標設定

PART

1

初心者が
3カ月後に
大会に出場する

PART

2

1回戦を
戦う

PART

3

2、3回戦を
戦う

PART

4

トーナメントを
勝ち進む

PART

5

全国大会に
出場する

PART

6

磨け、自分

7 ストレートリターン

目的 効果 ストレートリターンを確実に コントロールして展開する

ダブルスを想定したリターンをストレートに打つ練習です。

サーバー側は前衛もコートに入ってください。サーバーは最初は指定したコースにサービスを打ちます。次の段階でランダムに打ちましょう。

レシーバーは決まったコースに対して踏み込んでストレートにリターンを打ちます。その際、前衛のサイドを抜こうとせず、前衛にボレーを打たせて次の展開を有利にするつもりで打ちましょう。前衛にボレーを打たせるように打つことで、サイドアウトのリスクを減らせます。

前衛はストレートリターンをネット際で決める練習をします。ボレーを打つコースは、相手ペアがいると仮定してふたりのセンター、もしくはアングルボレーで角度をつけます。

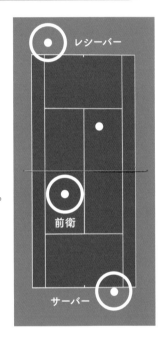

レシーバー

前衛

サーバー

💡Point

レシーバーは、最初はサービスのコースがわかっていますので、しっかり踏み込んでリターンを打ちます。しかし次の段階ではどのコースに来るかわからない中でストレートへコントロールします。ですから、サーバーのサービスを読んでリターンを打つ意識を常に持って練習しましょう。

右ページ（上写真）の拡大写真

サーバーは、最初は決まったコースに打つ

レシーバーは前衛にボレーを打たせるつもりでストレートリターン

前衛はストレートリターンに対して踏み込んでボレー。リターンに合わせて返球するのではなく、ネット際につめて決めにいくつもりで打つ

序章 目標設定

PART 1 初心者が3カ月後に大会に出場する

PART 2 1回戦を戦う

PART 3 2、3回戦を戦う

PART 4 トーナメントを勝ち進む

PART 5 全国大会に出場する

PART 6 磨け、自分

8 ブロックリターン（ロブ）

目的効果 リターンの選択肢を増やす

メニュー7のストレートリターンをロブに変えて行います。レシーバーはポーチボレーがうまい前衛に対して、ロブリターンで頭上を抜きます。ロブリターンはボレーの要領でラケット面を開き、踏み込みながら面を押し上げるように打ちます。

ダブルスでポーチボレーが多いペアに対しては立体的なプレーを行い、陣形を崩すことを目指します。そこで使うのがロブです。ロブをベースライン近く、深く打てれば、前衛がロブを追いかけてスマッシュで打ったとしても一発で決められることはほとんどないと想定されます。簡単にボレーで決めさせるのではなく、難しい返球を強いてチャンスをつくります。

レシーバー

前衛

サーバー

相手に読まれないリターンを身につける

💡Point

ロブリターンはラケット面を開いて打つため相手はロブが来るとわかります。繰り返し打っていては相手に読まれてしまうため、アタックリターン、ストレートリターン、ロブリターンというように選択肢を持ち、選んで打つようにします。ストレートリターンかロブリターンか相手にわからないように打てているか、相手にチェックしてもらう練習もやりましょう。

拡大写真

ラケット面を
開いてロブ

サーバーは、最初は決まったコースに打つ

レシーバーはラケット面を開いてボレーの感覚で踏み込んで打つ。面でボールをベースラインのほうへ運ぶように押し上げる

レシーバーは前衛の頭上を越えて深く入る、ロブリターンを打つことが目標

序章
目標設定

PART
1
初心者が
3カ月後に
大会に出場する

PART
2
1回戦を
戦う

PART
3
2、3回戦を
戦う

PART
4
トーナメントを
勝ち進む

PART
5
全国大会に
出場する

PART
6
磨け、自分

ドライブボレーで押し込む

目的 効果 ゆるいボールに対して決定力を上げる

　サービスライン付近にゆるく飛んでくる中ロブ気味のボールは、通常のスライス面のボレーで打つとスピードを上げづらく、角度もつけづらいためドライブボレーで打ちます。ドライブボレーは順回転がかかったボールで押し込んで打つことができ、その分、力強くスピードも出るので決定力があります。

　球出しでドライブボレーを練習しましょう。プレーヤーはサービスライン前からスタートし、ネット方向へつめてドライブボレーをコース（ストレート、クロス）を狙って打ちます。

　球出しのボールは、普通の軌道、高い軌道、低い軌道と高さを変えます。それに対してプレーヤーはユニットターンをし、体軸をしっかり立てて、下半身から上半身のひねり、膝のバネなど全身を使って打ち抜きます。

ネットプレーヤー

💡Point

　相手のプレーが単調で中ロブ気味のボールであり、打つコースが読めるときにドライブボレーを打つチャンスがあります。動き出し方は主に2つあり、早めにポジションを前方に変えて打ちにいく場合と、いきなり前につめて打ちにいく場合があります。いずれにせよストライクゾーン（ここでは胸の高さ）に入ってしっかり打ち抜きます。

打つ前の準備、ユニットターン（体をひとかたまりにひねる）

ドライブボレーは、グラウンドストロークの打点の
チェックや、全身を使ったスイングの練習にもなる

体軸を立てたまま蹲踞
せずに振りきる

序章
目標設定

PART
1
初心者が
3カ月後に
大会に出場する

PART
2
1回戦を
戦う

PART
3
2、3回戦を
戦う

PART
4
トーナメントを
勝ち進む

PART
5
全国大会に
出場する

PART
6
磨け、自分

10 2球連続ローテーションボレー

目的効果 ファースト、セカンドボレーの
リズムとタイミングを覚える

　ボレー対ストロークのラリーで、ファーストボレーとセカンドボレーを練習します。ネットプレー側に複数人入り1人2球打ったら次の人と交代します。ベースライン側は1人でボールをつなげてください。

　ボレーヤーはベースラインとサービスラインの中間地点からスタートし、サービスライン付近でファーストボレー、さらに前につめてセカンドボレーを打ちます。ラリーをしているので全員が決め球ではなく、つなぎ球を深く打ちます。セカンドボレーは特に決め球を打ちたいところですが、このメニューではスピードとコースをコントロールして、つなぐことに専念します。前につめながら打つ2ボレーのそれぞれのスプリットステップのタイミングとリズムを覚えましょう。

ベースライン
プレーヤー

ネットプレーヤー

💡Point

　ファーストボレーを深く打ったあとはセカンドボレーでネットにつめ、決め球を打ちたいところですが、これをつなげることもできるようにします。実戦では決めることもできるし、つなぐこともできるという選択肢を広げます。

ファーストボレーは深くつなぐ

セカンドボレーはネットにつめた上で、スピードとコースをコントロールしてつなぐ
（つなぎ球も決め球も打てるようになることが目標）

序章
目標設定

PART 1
初心者が
3カ月後に
大会に出場する

PART 2
1回戦を
戦う

PART 3
2、3回戦を
戦う

PART 4
トーナメントを
勝ち進む

PART 5
全国大会に
出場する

PART 6
磨け、自分

11 20秒間ボレーボレー

目的効果 ボレーの正確性とスピードアップ

　全員サービスライン上に立ち、1対1でボレーボレーを行います。20秒間にできるだけ多くのボレーが打てるようにスピードアップしてください。途切れたらポケットの予備ボールを出して続けます。トータルで何球打てたか回数を数えましょう。目標は20秒間に24回です。

　ステップイン（踏み込み）を大きくしてお互いの距離を縮めると数多く打つことができます。また、踏み込んだあとのリカバリーステップ（バックステップ）も早くする必要があります。

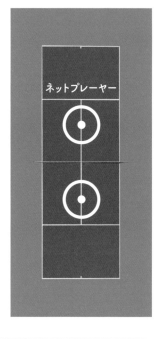

ネットプレーヤー

⚡Point

　実戦のボレーは決めるためにネットにつめながら打つ必要があり、速さの負荷がかかります。そこでボレーボレーで予測、動きの速さ、正確さ、コントロールなどを身につけます。手打ちにならないように足を使いましょう。大きなスタンス、大きなステップインとバックステップを使ってください。

ステップインして相手との距離を縮める

スピードの負荷がかかる中で足を使ってボレーを打つ　　　　　　　　大きなステップで動く

大きなステップインとバックステップ

序章
目標設定

PART
1
初心者が3ヵ月後に大会に出場する

PART
2
1回戦を戦う

PART
3
2、3回戦を戦う

PART
4
トーナメントを勝ち進む

PART
5
全国大会に出場する

PART
6
磨け、自分

12 左右2箇所スマッシュ

目的効果　さまざまな場所から左右に上がるロブに動く

　球出しで、スマッシュを移動して打つ練習をします。プレーヤーはサービスラインに構えます。ロブをプレーヤーが左右（横）に移動して打てる場所に上げ、左右の幅をフルに使って動けるようにしていきます。フォア側、バック側に上がるロブはすべてスマッシュで打ち、イメージはバドミントンのスマッシュです。

　スマッシュを打つときは必ず横向きになります。フォア側に上がったロブに対してはサイドライン方向に歩くようなイメージで移動し、バック側に上がったロブに対してはバックステップを使って横に移動します。動ける範囲を広げていきます。

ネットプレーヤー

Point

　プレーヤーのレベルに応じて動く幅は調整し、徐々に広げていってください。サービスラインを横に移動するくらいの深さのロブはすべてスマッシュで打てるようにしましょう。横へ移動した場所から、狙うコースは決めておいて練習しましょう。

バックのハイボレーもスマッシュで打てるようにしておけば、どこに
ロブが上がろうとも怖くない。より攻撃的なネットプレーができる

さまざまな場所から上がってくるロブにも対応できるようになるため、
球出しの位置も変えてやってみよう

序章

目標設定

PART

1

初心者が
3カ月後に
大会に出場する

PART

2

1回戦を
戦う

PART

3

2、3回戦を
戦う

PART

4

トーナメントを
勝ち進む

PART

5

全国大会に
出場する

PART

6

磨け、自分

13 前後3箇所スマッシュ

目的 効果 深さが違うロブに対して動く

　球出しで、スマッシュを移動して打つ練習をします。メニュー12で左右に移動したあと、今度は前後に移動します。前後＝深さの調整ですが、次の3箇所のロブをスマッシュで打ちます。Aサービスラインの前あたり、ゆるいロブです。前衛のポジションでほとんど動かずに打てます。Bサービスラインとベースラインの中間あたり、高いロブです。Cベースライン近く、かなり高いロブですので、これはワンバウンドさせてグラウンドスマッシュを打ちます。

　前後の深さが違うロブはプレーヤーとネットとの距離がそれぞれ違うため、打ち出し角度が変わります。Aは上から下、Bは水平近く、Cは打ち上げる感じです。

ネットプレーヤー

スマッシュが入ったか入らなかっただけでは面白くないのでゲーム性を持たせて練習しよう。Aを10球連続で半面のコートに入れたら、B、Cと進む。ミスをしたら次のプレーヤ　と交代して休憩を挟む

滞空時間の長いロブは細かいフットワークで、ポジションと打つタイミングの微調整を行う

序章 目標設定

PART 1 初心者が3カ月後に大会に出場する

PART 2 1回戦を戦う

PART 3 2、3回戦を戦う

PART 4 トーナメントを勝ち進む

PART 5 全国大会に出場する

PART 6 磨け、自分

Point

　メニュー12はロブの方向（左右）、メニュー13はロブの深さ（前後）が違います。前後左右に動けるようになれば、ロブが上がってもスマッシュを打つ自信が持てます。

　もっとも深いロブはワンバウンドさせてから打つグラウンドスマッシュの選択肢があります。ワンバウンドさせたあとサービスの打点以上で打てるときはスマッシュを打ち、打点が低くなるときはグラウンドストロークで返します。

C C は打ち上げる感じ

B B は水平近く

A A は上から下

プレーヤーとネットとの距離が違うため、それぞれ打ち出し角度が変わる

サービスダッシュとリターンダッシュ

目的効果
ファースト、セカンドボレーの
リズムとタイミングを覚える

　ダブルスではネットをとることが勝つための条件です。そこでネットダッシュを練習します。

　半面で1対1でタイブレーク勝負を行ってください。サーバーは、ファーストサービスをサービスダッシュします。セカンドサービスは、レシーバーがリターンダッシュをします。サーバーはサービスの質を上げて優位に立つことが大切です。一方、サーバーがセカンドサービスを打つときはリターン側が積極的に前方に入ってリターンダッシュをします。

　メニュー3と同様にチャンピオンゲームにすると、勝負の緊張感が出ます。

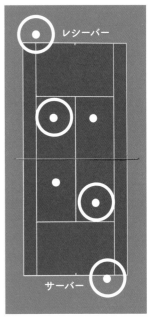

レシーバー

サーバー

サーバーは特にセカンドサービスの質を上げて優位に立ちたい

💡Point

　サーバーはいいファーストサービスとセカンドサービスを持っていることがサービスキープにつながります。ですからサービスのレベルアップは絶対条件です。もしもセカンドサービスが弱いとレシーバーにリターンダッシュをされて逆に優位に立たれてしまいますので、セカンドサービスを磨くということも忘れないでください。

レシーバーは積極的にリターンダッシュをしかけて、サービスキープを阻止する

サーバーはファーストサービスを打ってネットをとる

レシーバーはセカンドサービスをリターンダッシュしてネットをとる

序章
目標設定

PART
1
初心者が
3ヵ月後に
大会に出場する

PART
2
1回戦を
戦う

PART
3
2回戦を
戦う

PART
4
トーナメントを
勝ち進む

PART
5
全国大会に
出場する

PART
6
磨け、自分

15

ペアでボレーボレー

目的効果 ## さまざまなネットプレー、状況を経験する

　ダブルスでボレーボレーを行います。両ペアともポイントを取ることを目指してください。

　プレーは球出しでスタートします。球出しは簡単なボールを出すのではなく、プレーヤーの足下やバックのローボレー、ハイボレーなど、返球がやや難しいショットからプレーをスタートさせます。プレーヤーが、そこにはボールは来ないだろうと思っているようなところへ球出しして、さまざまボレー、さまざまな状況を経験できるように進めてください。プレーヤーがミスをしたときはミスをした場所に球出しをし、ミスを修正して次のプレーに進みます。

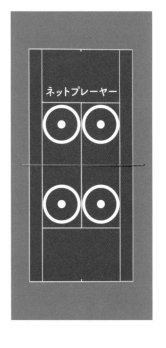

ネットプレーヤー

テリトリー（守備範囲）のセンターにポジションをとる

🏐Point

　テリトリー（守備範囲）のセンターにポジションをとることを忘れないことです。そうするとサイドにボールがいったときは、サイドのほうへポジションはずれて、センターにボールがいったときはそれほど大きく動きません。コート全面をペアでしっかりカバーしながらポイントを取りにいきます。

相手の甘いボール
はネットにつめて
決めにいく

サイドにボールがいったときはひとりがとりにいき、もうひとりはオープンコートを
カバーする。テリトリーのセンターにポジションをとる

途切れた場所に球出しをして、プレーを修正する

序章
目標設定

PART
1
初心者が
3カ月後に
大会に出場する

PART
2
1回戦を
戦う

PART
3
2・3回戦を
戦う

PART
4
トーナメントを
勝ち進む

PART
5
全国大会に
出場する

PART
6
磨け、自分

部活は仲間づくり
〜チームメイトは一生の財産

　高校のテニス部を20年間指導してきて印象に残る場面があります。写真は、2001年3月の全国選抜高校テニス大会での名古屋高校テニス部の応援メンバーたちです。3回戦進出がかかった東海大菅生高校との対戦で、最後のシングルス3の選手が逆転勝ちをして、みんなで大喜びしている瞬間です。誰を見ても最高の笑顔で、全身で喜んでいるのがわかります。

　チームが勝って全員で喜んだシーンがある一方、負けて自分の情けなさを感じたり、チームのメンバーへ申し訳なくて泣いているシーンもあります。負けて泣いている選手に同輩が寄り添って励ましているシーンもありました。

　私たちは仲間とともにひとつの目標に向かって頑張り、マッチポイントを取られても決して最後まであきらめない心や、自分のことだけではなく仲間の気持ちやチーム全体のことを考えて行動することを学びました。私にひどく叱られた選手たちもいますが、彼らはたまに母校を訪れてくれ、懐かしくその話で盛り上がります。

　多感な時期にテニスを通じて、泣いて、笑って、悩み、励まし、励まされ、仲間を一生懸命応援し、さまざまな経験をして多くのことを学びました。おそらく一生の中でもっとも密度の濃い3年間を過ごしたのではないでしょうか。写真に写っている選手たちも、現在も時々会ってワイワイと情報交換しながら昔話に花を咲かせているようです。部活動をする一番のメリットは、一生の財産となる仲間ができることかもしれません。

5

第 章

全国大会に
出場する

1

3球目攻撃 ❶ サーブ＆ボレー

目的
効果
スプリットステップとディサイデッドステップでコースの判断＆瞬発的な動き

　サービス→リターン→ボレー、サービス→リターン→フォアハンドといった3球目攻撃をするためには、サービスの打点を通常よりも少しネット寄りにします。そしてベースラインを飛び越えるようにジャンプして打球し、ベースラインの内側10cmから30cmくらい前に着地します。サーブ＆ボレーをする場合はその勢いのままネットダッシュし、スプリットステップをしてリターンのコースを判断、ファーストボレーを打ちます。

　前述した点を意識して3球セットでサーブ＆ボレーを練習します。リターンは球出しで行います。

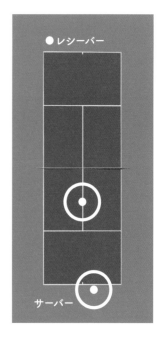

● レシーバー

サーバー

🔆 Point

　スプリットステップで適度に脱力した状態からコースを判断し、ボレーに反応します。そのステップは足下をよく見てみると、コースをフォアボレーと判断したあと（右利きの場合）左足を先に着地して（写真）、右方向へ右足を踏み込み、さらに進行方向に左足を踏み込んでいます。このステップをディサイデッド（片足着地）ステップと言います。このように瞬発的な動きをする際は片足着地の動きになります。

ネットにつめる時間を稼げるのは回
転系のスピン、スライスサービス

サーブ＆ボレーをするときは打点を通常よりも少し前にして、ベースラインを飛び越
えるようにジャンプ。そのままの勢いでネットにつめる

スプリットステップからディサイデッドステップ（片足着地）の動き

序章
目標設定

PART
1
初心者が
3カ月後に
大会に出場する

PART
2
1回戦を
戦う

PART
3
2、3回戦を
戦う

PART
4
トーナメントを
勝ち進む

PART
5
全国大会に
出場する

PART
6
磨け、自分

2 3球目攻撃 ②ドロップショット

目的 効果 レシーバーの動きと予測の逆をつく

　サーバーの3球目攻撃の練習です。サーバーはサービスを打ってレシーバーをコートの外に追い出し、3球目をフォアハンドでコースを狙うと見せかけておいてドロップショットを打って決めます。この状況は、まずよいサービスを打つことに始まり、レシーバーがオープンコートへのフォアハンドの強打を予測しているところへ、動きの逆をついてドロップショットを決めるという設定です。

　リターンは球出しで行い、3球目はドロップショットで決めます。次の段階で3球目はサーバーがフォハンドかドロップショットかを選択してプレーします。

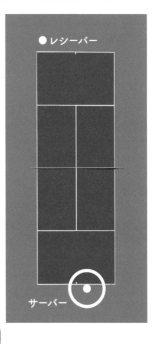

イメージしよう。自分が打ったサービスでレシーバーの動きやコースが決まる

💡Point

　サーバーはワイドサービスを打ちます。リターンはセンターのサービスライン付近に球出しします。サーバーは自分が打ったサービスによってレシーバーの動きやコースが決まることを頭においてプレーしましょう。いいサービスを打てばサービスライン付近に返ってくる確率が高く、予測して準備します。

サーバーは緩急、回転、スピードなどを使ってレシーバーをコートの外へ追い出す

レシーバーがオープンコートをカバーしようとずれば、その動きの逆をつける。3球目はフォアハンドを打ち込む構えを見せておいて、レシーバーの予測の裏をかく

レシーバーが強打を予測しているその動きの逆をつき、レシーバーから一番遠い場所、サービスエリアのサイド寄り（アングル）にドロップショットを決める

序章
目標設定

PART
1
初心者が
3ヵ月後に
大会に出場する

PART
2
1回戦を
戦う

PART
3
2・3回戦を
戦う

PART
4
トーナメントを
勝ち進む

PART
5
全国大会に
出場する

PART
6
磨け、自分

3 立ち位置を変える

目的
効果

ポジションを変えて角度を利用する

シングルスコートはベースラインの長さが8.23m、半面で約4mありますが、サービスのポジションをルールの範囲で変えて打ってみましょう。デュースサイドのサイドライン付近からスライス回転をかけてワイドへ打ちます（C）。するとレシーバーはサイドラインの5m外側へ移動して打つことになります。また、アドサイドからも同様で、サーバーがサイドライン付近からスピンサービスをワイドへ打つと、レシーバーを5m外へ移動させて打たせることができます。そうするとオープンコートができ、サーバーはサーブ＆フォアの3球目攻撃ができます。

●レシーバー

サーバー

ココに注意！

サイドから打つほど、自分のコートにもオープンコートができるということです。自分のコートをカバーすることも考えた上で、時々ポジションを変えて打つことを取り入れてみましょう。試合では横風が吹いたり、太陽が眩しいなどの難しい環境に対応する必要もあり、サービスポジションを変えて対応できることも多々あります。

💡Point

サイドライン付近から打つサービスは角度がついて、レシーバーを大きく動かすことができます。サーバーはいつも決まったポジションからサービスを打つだけでなく、このようなサービスも選択肢のひとつとして持っておいてください。

C

センター寄り **A**　**B**　**C** サイド寄り
真ん中

サーバーはセンター寄りからサービスを打ったほうがレシーバーの返球範囲（テリトリー）を狭くできるが、時々サイド寄りから打ってレシーバーにプレッシャーをかける

序章
目標設定

PART
1
初心者が3ヵ月後に大会に出場する

PART
2
1回戦を戦う

PART
3
2、3回戦を戦う

PART
4
トーナメントを勝ち進む

PART
5
全国大会に出場する

PART
6
磨け、自分

4

1st、2ndサービスの駆け引き

一つのサービスフォームでスピード、スピンを駆使する

ファーストはスピード、セカンドはスピンというサービスのワンパターンの戦術は、相手に読まれ、効果的ではありません。スピード重視のサービスは確率が低くなったり、相手に慣れられてしまうこともあります。サービスからの戦術は野球でいう"打たせて取る"ピッチングです。スピードとスピンを調整して、組み合わせて、レシーバーに"打たせて取る"、3球目攻撃につながるサービスを打ちましょう。

練習は、サービスエリアを3等分してコースを決めて打ちます。ファーストはスピンとスライスの回転系サービスを、確率100%を目指して打ちます。セカンドはスピード系サービスを打って、これも確率100%を目指します。なぜこのような練習をするかというと、ワンパターンサービスからの脱却です。

●レシーバー

サーバー

👆Point

サービスのフォームは基本的にひとつです。球種（スピン、スライス、フラット）によってフォームを変えることはしません。①②③をチェックしてください。この3点があれば若干の体の傾きと打点の調整で球種を変えたり、増やすことができます。レシーバーがフォームを見て球種を読むこともできません。

サービスのフォームは基本的に一つ。アドサイドの構えのほうが若干クローズ気味

センターマーク

③動作は斜め上方向

審判台の上にキャッチャーがいるイメージ
でボールを投げる動作＝サービス動作

②クローズドスタンス

後ろ足のつま先はベースラインと平行、前足のつま
先はそれよりやや前向き。両足のつま先を結んだ線
が（右利きの場合）右のネットポストのほうを向く

①コンチネンタルグリップ

自然な状態でラケット面は上を向く。
手首に「くの字」ができ、この形はイ
ンパクトの形でもある

序章

目標設定

PART
1
初心者が
3カ月後に
大会に出場する

PART
2
1回戦を
戦う

PART
3
2、3回戦を
戦う

PART
4
トーナメントを
勝ち進む

PART
5
全国大会に
出場する

PART
6
磨け、自分

5

苦手なコースをなくす

確率の低いコースを知り、確率を上げる

　サービスエリアを3等分し、両サイド合わせて6つのエリアに各5本のサービスを打ち（5球×6エリア＝30球）、それぞれのエリアで入った数を記録します。最初はスピード重視のサービス、次は回転重視のサービスで記録を取り、確率の低いコースはどこかを把握して苦手なコースの克服につなげます。

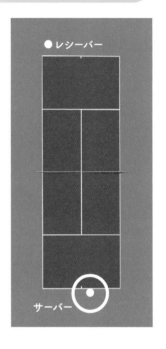

● レシーバー

サーバー

サービスエリアに入れることも大事だが、どんなサービスになっているかサービスの効果も見てほしい

💡 Point

この練習はサービスエリアに入れることが目的ではありません。レシーバーに対して効果があるサービスを打つことが一番の目的です。

レベルの高い選手は、対戦相手の得意なサービスが何かということを早くから探ります。そして大事なポイントはそのサービスで勝負をするという予測をします。ですから、その予測を裏切る、そのとき必要なサービスを打てるようになりましょう。サービスは勝負を左右する大きな要素です。目的を忘れず、苦手なコースを把握し、克服してサービスの選択肢を増やします。

各エリアにサービスを5本ずつ打ち、何球入ったか数える。確率を考えながらプレーする

序章
目標設定

PART 1
初心者が3カ月後に大会に出場する

PART 2
1回戦を戦う

PART 3
2回戦を戦う

PART 4
トーナメントを勝ち進む

PART 5
全国大会に出場する

PART 6
磨け、自分

6 ベースライン後方3mでフォアのロングラリー

目的 効果 下半身からエネルギーをもらい、ダイナミックにエッグボールを打つ

半面で、フォアハンドのみのストレートラリーをします。各プレーヤーはベースライン後方3mにラインテープを置き、その後ろでプレーをします。お互いの距離が約30mに広がり、かなり距離があります。この距離を飛ばすためには高いボール軌道が必要です。

ボール軌道を高くするためには、フットワークを使いストライクゾーンに入ること。大きなスタンスをとって下半身からエネルギーをもらい、全身を使ってダイナミックにスイングすることです。

ベースライン
プレーヤー

ゴム紐

ゴム紐をネットの上に張って行うラリーもおすすめ（72ページ参照）

💡Point

飛距離を出すためには、ネット上の高い位置を通すようにします。ただ、山なりのロブのようなボールではなく、目指してほしいのはエッグボールです。エッグボールとは、強くトップスピンがかったボールで、ネット上の高い位置を通ってベースライン近くまで伸び、その後急激に落下して後方へと伸びていくボールです。

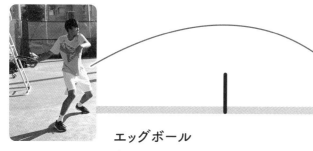

エッグボール

横から見ると卵を半分に割ったボール軌道に見えることからエッグボール。
バウンドしたあと高く弾んで後方へ伸びていくため、相手は返球しづらい

ベースライン後方3mにラインテープ

ココに注意！

　ロングラリーになるとボールを飛ばすことばかりになり、狙って打つことを忘れがちです。相手をどこへ動かし、どんなボールを打たせるかを考えながらプレーしましょう。

序章
目標設定

PART
1
初心者が
3カ月後に
大会に出場する

PART
2
1回戦を
戦う

PART
3
2、3回戦を
戦う

PART
4
トーナメントを
勝ち進む

PART
5
全国大会に
出場する

PART
6
磨け、自分

ベースライン上30秒間ラリー

目的 効果 時間の負荷がある中で、
素早く的確な判断、素早い動きを身につける

　半面で、1対1でラリーをします。各プレーヤーはベースライン上に立ち、30秒間のラリーの中で何回ボールが打てたかを数えます。回数を増やす方法をそれぞれ考えてください。相手のボールの情報を瞬時にキャッチして判断を下します。自分が打ちたいボール軌道をイメージして打ち返します。負荷の高いメニューです。

　全国大会出場レベルは時間の奪い合いですので対応できるように練習します。ラリーの目標は24回。ボールが途切れたらポケットからスペアのボールを出して、すぐにプレーを再開させます。

💡Point

　両者が距離を縮めて時間の負荷をかけています。そして時間制限をしてラリー回数を数えることで速さと正確性も必要です。ベースラインぎりぎりにくるボールも含め、素早い体のターン＝コンパクトなテークバックとフットワークを使って、ストライクゾーンに入って打ってください。

ベースラインの中に入って相手との距離を縮める

テニスは時間の奪い合い、バランスの崩し合いでもある。
そのプレッシャーに耐えられるように練習しよう

速さのある正確なボールを打つためには、技術の精度を上げていくことも大切

序章

目標設定

PART
1
初心者が
3カ月後に
大会に出場する

PART
2
1回戦を
戦う

PART
3
2、3回戦を
戦う

PART
4
トーナメントを
勝ち進む

PART
5
全国大会に
出場する

PART
6
磨け、自分

8

全力で走ってランニングパス

**目的
効果** 全力走の高い負荷から技術の精度を上げる

　ランニングパスを練習します。2面以上を使って行うとさらに効果的です。各コートのセンターに球出し役が入ります。プレーヤーはシングルラインに構え、球出しはプレーヤーがいるラインと反対のシングルスラインぎりぎりに球出しをします。球出しはネットプレーヤーの想定です。プレーヤーは全力で走ってパスを打ちます（ランニングショット）。打つコースはネットプレーヤーをイメージしてコースを狙います。

ベースライン
プレーヤー

まず体をターンする

💡Point

　このランニングパスに限らずグラウンドストロークは、体のターン→移動→スイングの順序です。移動→ターンの順だとスイングが間に合いません。
　全力走をすると下半身が緊張状態になりますが、その中でも体軸を立てて上半身をターンさせ、リラックス状態をつくっておくとランニングパスの精度を上げることにつながります。それを体験から知ってください。

2面以上を使うときは、各コートに球出しが入り、プレーヤーは1番目のコートのあと、2番目の
コートへ移動してランニングパスを打つ。コート面数を増やすとよりスピード負荷がかかる

体のターン→移動→スイング

序章
目標設定

PART
1
初心者が
3カ月後に
大会に出場する

PART
2
1回戦を
戦う

PART
3
2、3回戦を
戦う

PART
4
トーナメントを
勝ち進む

PART
5
全国大会に
出場する

PART
6
磨け、自分

サービスダッシュとリターンダッシュ全国編

目的
効果 **両者が同時にネットについてポイントを取りにいく**

　ダブルスのクロスコートを使って1対1で、サービスダッシュとリターンダッシュを練習します。サーバーは回転系サービスを打ってネットにつめ、レシーバーはリターンをサーバーの足下に沈めてネットにつめます。両者がネットについてボレーボレーの勝負をします。これはダブルスでのネットプレーの戦術ですが、シングルスでも使えます。

　テニスの試合は先にボールが打てるサーバーが有利で、サーバーがサービスゲームをキープし続けている限り負けません。その中でレシーバーがひとつブレークできれば勝利を手繰り寄せられます。レシーバーも積極的にネットをとってサーバーにプレッシャーをかけましょう。

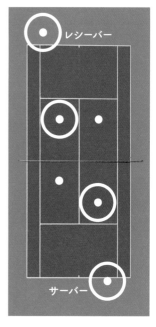

レシーバー

サーバー

Point

　自分が有利にプレーするためには、サーバーはいいサービスを打つことが条件です。レシーバーにどこでどんなリターンを打たせるか、バランスを崩せればファーストボレーにつながります。

　レシーバーはユニットターンと足を使ってストライクゾーンに入り、サーバーの足下にリターンを沈めます。足下でワンバウンドさせるハーフボレーを狙いましょう。ボールが浮いてきて、さらにネットにつめられます。

サービスダッシュ

サーバーは、レシーバーのバランスを崩してファーストボレー

リターンダッシュ

レシーバーは、サーバーの足下にリターンを沈めて、浮いたボールをボレー

序章
目標設定

PART
1
初心者が3カ月後に大会に出場する

PART
2
1回戦を戦う

PART
3
2、3回戦を戦う

PART
4
トーナメントを勝ち進む

PART
5
全国大会に出場する

PART
6
磨け、自分

10 トップスピンロブでストレートリターン

目的 効果 **通常リターンと同じ構えからトップスピンロブ**

ダブルスでリターンを練習します。3人がコートに入り、サーバー＋前衛対レシーバーで行います。レシーバーはリターンで相手前衛の頭上をトップスピンロブで抜きます。これはクロスリターンが中心の展開や、相手がサービスダッシュをしてくるときに、レシーバーが通常のリターンと同じフォームからトップスピンロブをストレートへコントロールするもので、形成逆転が狙えます。ロブが抜けたら相手後衛が反応するのは難しく、エースにもなり得るショットなのでここで身につけておきましょう。

🔆Point

速いサービスに対してトップスピンロブを打つのは難しいです（写真）。レシーバーは浅いサービスなど十分に構えて打てるときに選択しましょう。狙う場所は、相手前衛の頭上を越えたあとストレートのベースラインよりやや内側です。ベースライン際を狙うのはリスクがあります。

ストレートのロブはベースラインのやや内側を狙う。万一前衛にとられても、バック側でハイボレーを打たせられれば攻撃されにくい

十分構えて打てるときにトップスピンロブ

序章

目標設定

PART

1

初心者が
3カ月後に
大会に出場する

PART

2

1回戦を
戦う

PART

3

2、7回戦を
戦う

PART

4

トーナメントを
勝ち進む

PART

5

全国大会に
出場する

PART

6

磨け、自分

11 アプローチ強打からネット対パス

目的
効果 **両者が抜くか沈めるかを瞬時に判断する**

1対1のネット対パスです。サイドから、ベースラインとサービスラインの中間あたりに球出しし、片方のプレーヤーがアプローチショットを打ってネットにつめます。このときアプローチは指定されたエリアに強打します。もう一方のプレーヤーはベースラインのセンターからスタートして、指定されたコース（アプローチがどこへくるか知っている前提／将来的には予測する）に向かって走り、ネットプレーヤーとパスで勝負します。

アプローチを強打してネットにつめる

💡Point

アプローチを強打するプレーヤーは本来優位にいますが、この練習では相手がコースを知っています。強打で決めにいくか、強打を生かしてつなげて相手に簡単にパスを打たせないことです。

強打したプレーヤーはネットにつめる時間が少なく、サービスラインのセンター付近にいます。そこでパスを打つプレーヤーはカウンター（ボールの強さを利用してパスを打つ）で抜くのか、足下へ沈めたあとパスを打つのか、抜くか沈めるかを判断します。

アプローチの強打で相手を崩す

アプローチの強打で相手を崩せれば、ゆるいボールが上がってくる

素早くネットにつめてポイントを取りにいく

足下へ沈めて次でパスを打つ

強打したプレーヤーはセンター付近にいる。ローボレーまたはハーフボレーを打たせればボールは下から上に上がってくるので追いついてパスが打てる

序章
目標設定

PART 1
初心者が3カ月後に大会に出場する

PART 2
1回戦を戦う

PART 3
2回戦を戦う

PART 4
トーナメントを勝ち進む

PART 5
全国大会に出場する

PART 6
磨け、自分

12 アプローチショット2種からネット対パス

目的効果 ネットへのリズムをつくり相手のパスを読む

メニュー11と同様にネット対パスを行います。ベースラインプレーヤーはボールを持ち、相手コートのベースラインとサービスラインの中間あたりに球出しをします。相手はそれをアプローチしてネットにつめます。このアプローチはスライスかドロップショットかを選択でき、ネットプレーが優位に進められるように考えてプレーしてください。一方、ベースラインプレーヤーは、ネットプレーヤーがどちらを選択してくるか判断してパスを狙います。ネット対パスで勝負します。

Point

浅く低いボールがきた場合のアプローチショットから始まるネットプレーです。その場合のアプローチは、同じ構えからスライスもしくはドロップショットを選択することで相手の読みを外します。反対にベースラインプレーヤーは、そのアプローチを読んでください。

同じ構えからショットを打ち分ける

同じ構えからスライスとドロップショットを
打ち分けて、相手に簡単に読ませない

スライスはフォロースルーを大きくと
ってボールを滑らせ、ドロップショッ
トは短いスイングで逆回転を強くかけ
てボールの飛距離をコントロール

序章

目標設定

PART
1
初心者が
3ヵ月後に
大会に出場する

PART
2
1回戦を
戦う

PART
3
2、3回戦を
戦う

PART
4
トーナメントを
勝ち進む

PART
5
全国大会に
出場する

PART
6
磨け、自分

ドロップショットはボール
軌道の頂点をネットよりも
手前におくイメージで打っ
て距離を調整

13

ベースラインまで下がってスマッシュ

目的
効果

ロブはすべてスマッシュで打つ

一面をカバーするスマッシュ力を身につけます。

ネットプレーを確実に決める方法はネット際までつめることですが、ロブを恐れているとつめることはできません。そこで、どこにロブが上がってもスマッシュを打てるようにして、ネットプレーに自信をつけましょう。

次の段階を踏んで練習します。①一面をカバーするフットワークの練習、②③スマッシュのフットワークと素振り、④実際にスマッシュを打つ。それぞれ写真と解説を見てください。

ネットプレーヤー

ロブが上がったら、すぐにつま先を後方に向ける

🔦 Point

このメニューで一番大切な練習が①です。ロブが上がるとプレーヤーはスマッシュを打つことばかりに気がいき、ロブに追いつけないことが多いです。人はつま先が向いている方向に一番速く走れるので、スマッシュでも同様に、ロブが上がったら後方につま先を向けて全力走（トップスピード）で追いかけます。つま先の向きが重要です。前を向いていたら後方に走れません。

❶一面をカバーするフットワークの練習

①ネットタッチしてつま先を後ろへ向けてトップスピードでベースラインまで走る。大きく動けるようにするため腕を振って、大きなステップで走る

❷❸フットワークと素振り

②ネットタッチしてサービスラインまで3〜5歩で下がり、ジャンピングスマッシュの素振りをする

③ネットとサービスラインの中間くらいからベースラインまでダッシュしてスマッシュの素振りをする

❹実際にスマッシュを打つ

④ネットとサービスラインの中間くらいからベースラインまでダッシュしてスマッシュを打つ。必ずつま先の向きを変える

序章
目標設定

PART
1
初心者が
3ヵ月後に
大会に出場する

PART
2
1回戦を
戦う

PART
3
2・3回戦を
戦う

PART
4
トーナメントを
勝ち進む

PART
5
全国大会に
出場する

PART
6
磨け、自分

14 ストレートリターンからの展開

ペアでポイントを取る

ダブルスのレシーバー側がリターンを攻撃的に打って展開する練習です。リターンは必ずストレートに打ち、そこから2対2で勝負してください。

レシーバー側の前衛は、サーバーがサービスを打ったときにパートナーのリターンがどうなるか瞬時に判断します。そしてサーバー側の前衛がポーチに出るかを見極め、出た場合は返球に備えてディフェンスを固めます。

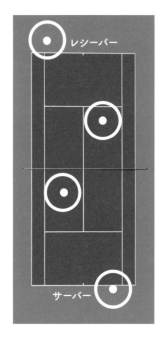

レシーバー

サーバー

Point

レシーバーは必ずリターンをコートに入れます。相手前衛に打たれても構いません。攻撃的に打ちますが、ひとりで決めようと思わず次のプレーに備えて構えます。ストレートに打ったところからの展開でポイントを取りましょう。

レシーバーはストレートリターンを必ずコートに入れる。前衛の横をパスで抜こうとするのではなく、前衛に打たせて展開する

レシーバー側前衛は返球の準備をすることが大切。相手前衛に一歩近づくつもりで備える

サーバー側前衛はリターンに対して必ずステップイン。足を使わず、その場で反応するボレーは防御的になる

序章　目標設定

PART 1　初心者が3ヵ月後に大会に出場する

PART 2　1回戦を戦う

PART 3　2、3回戦を戦う

PART 4　トーナメントを勝ち進む

PART 5　全国大会に出場する

PART 6　磨け、自分

15

ペアのボレーボレー全国編

目的
効果

実戦的ラリーであらゆる展開に対応

2対2でボレーボレーを実戦的に行います。この練習は球出し役がキーマンで、ペアのレベルアップをうながす役目を担います。やさしい球出しをするのではなく、試合さながらの状況をつくり出してください。一定時間はワンプレーになるように、ラリーが途切れたら途切れた場所へ、続くと想定された場所へ、すかさず球出しします。それによってペアはプレーに集中ができ、ミスをしたらミスをした場所に球出しされることで修正するチャンスがあります。

ペアのセンター、どちらかの足下、ベースラインまで上がるロブ、アングルショット、スピードボールなど、球出しをきっかけにあらゆるショットのレベルを上げていきます。同時にペアのフォーメーションのレベルアップも目指してオープンコートへも球出ししてください。

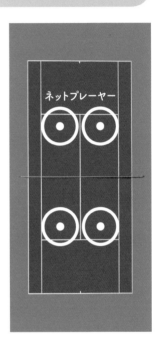

ネットプレーヤー

💡Point

球出しされるペアは、球出し役の手元をよく見て次を予測して動きます。ゆるいボールがくると予測すれば、前につめて決めにいきます。逆に球出しはその読みの裏をかいて、ロブを上げるなどの駆け引きもしてください。

ミスした場所へすかさず球出ししてプレーを修正する

ネット際までつめて決めボレー

返球されたと仮定して、すかさず頭上にロブを上げる

ペアのフォーメーションをより正確なものにしていくために、隙があればそこに球出しをすることでペアの意識を変えて修正することができる

序章
目標設定

PART
1
初心者が3カ月後に大会に出場する

PART
2
1回戦を戦う

PART
3
2、3回戦を戦う

PART
4
トーナメントを勝ち進む

PART
5
全国大会に出場する

PART
6
磨け、自分

テニスも人生も長所で勝負

自分のテニスを創造していく上では「自分を知る」ことが重要になります。

私が社会人4年目くらいの頃、テニスクラブでいつものように練習マッチをしました。対戦相手のコーチはストローク中心のプレースタイルで、特にパスとロブのコンビネーションが上手でした。その試合は私がネットにつく場面が多くあり、調子がよく、ほとんどのパスとロブを止めて勝つことができました。その試合後、彼が私にこう言ったのです。「宮尾の頭上はロブで抜ける気がしない」。そのとき私は褒められてうれしい思いをしたのは当然ですが、「これだ！」と光が差した気がしました。「ネットに出ればポイントが取れる」と思ったのです。

その日から私はサービスダッシュとリターンダッシュを繰り返し、全日本ランキングを100位から20位台まで上げることができました。相手の試合後の言葉によって気づいた、"ボレーとスマッシュが自分の持ち味"という発見は、"相手の様子をうかがうよりも素早く決着したい"私の性格と相まって、テニス人生において最大の財産となりました。

自分を理解したり、対人関係を進展したりするのに役立つツールに『ジョハリ

ジョハリの窓

自分と他人の認識のずれを理解する自己分析ツールで、心理学者のジョセフ・ルフト氏とハリントン・インガム氏の2人によって1955年に考案されました。のちにこの2人の名前を組み合わせて「ジョハリの窓」と呼ばれるようになりました。

	自分が知っている自分	自分が知らない自分
他人が知っている自分	開放の窓	盲点の窓
他人が知らない自分	秘密の窓	未知の窓

参考◎テニスの心理学〜"心"技体を鍛えてメンタルタフになれ！（佐藤雅幸著／ベースボール・マガジン社）

の窓』があります。

『ジョハリの窓』は、人は4つの窓（領域）を通して人と関わり、コミュニケーションをとっているということを示しています。「自分」は、自分が理解している自分だけではありません。自分では気づいていない「自分」も存在します。

ダブルスのパートナーとお互いのよいところ（技術、性格など）を伝え合うことは、自分の長所を知ることになり、「開放の窓」を広げ、パフォーマンスを向上させます。信頼関係ができたら長所でなくてもアドバイスをし合うことにより、チーム力を上げることにも役立ちます。

自分が知らないことはたくさんあります。いろいろなことに挑戦しながら「開放の窓」を広げていってください。人生においても自分の得意なことを知り、それで勝負することは、自分にとっても社会にとっても有意義なことだと思います。

第 **6** 章

磨け、自分

1 スポーツマンシップにこそ価値がある

「スポーツマンシップ」とは何か。私たちはスポーツマンシップを通して生き方を学ぶことができます。広瀬一郎氏の著書である『スポーツマンシップを考える』（小学館／2002年）には、スポーツマンシップとはリスペクトだと書いてあります。リスペクトの対象は「対戦相手」「ルール」「審判」です。

「対戦相手」がいないとテニスはできません。ともにプレーする仲間として、対戦相手に敬意を払い大切にします。試合前の挨拶、試合後の握手は対戦相手への感謝の表現であり、対戦相手を称えるスピーチは大切な儀式です。

　テニスは戦術によって勝負しますが、相手のプレーを妨げたり集中力を乱すような、対戦相手をリスペクトしない言葉や行動は慎まなければなりません。例えば、ダブルスでレシーバーのパートナーがレシーバーのサービスエリアに入り、サーバーの集中力をなくそうとする行為は、今だに中学、高校の全国大会でも行われており、残念な気持ちになります。指導者は注意すべきです。また、サーバーが構えているのにタイミングを外すためにレシーバーがなかなか構えないことは、相手に敬意を払っていないばかりでなく、ルール違反です。

「ルール」は、お互いが同じ条件でプレーするために必要な決まり事です。ルールをよく知り、尊重することが大切です。テニスには「セルフジャッジ」という特有の審判方法があります。「ラインジャッジで迷ったときは相手が有利なようにジャッジする」というものですが、守るのはなかなか難しいものです。別のページで「セルフジャッジ」について考えてみます。

「審判」は、その試合をスムーズに進めるために支えてくれる人であり、感謝し、敬意を払なければなりません。試合後には審判に握手を求め、感謝の気持ちを表します。しかし試合が終わってから、敗戦の理由を審判や対戦相手のせいにする選手や指導者がいます。言い訳をするのではなく、敗戦を素直に認め、次回の試合に向かう"グッド・ルーザー"（良き敗者）でいたいものです。

勝利は最大の目的ですが
「スポーツマンシップ」にこそ価値があります。
対戦相手に敬意を払い、
ルールを尊重し、審判に感謝して戦うこと。
すなわち「スポーツマンシップ」に則り
勝利を目指すことが価値あることであり、
人を成長させてくれます。

序章
目標設定

PART
1
初心者が
3ヵ月後に
大会に出場する

PART
2
1回戦を
戦う

PART
3
2・3回戦を
戦う

PART
4
トーナメントを
勝ち進む

PART
5
全国大会に
出場する

PART
6
磨け、自分

2 自主練とは、自ら主体的に学ぶこと

　本書は自主練習をテーマにしています。「自主練」とは読んで字の如く、自ら主体的に練習するということです。一般的には、指導者のいないときに選手だけで練習することを自主練と言っています。ここでは、自主練を選手だけでする練習とはとらえず、指導者がいるいないに関わらず、選手がモティベーション高く、自主的に練習することを自主練ととらえて解説します。

私の指導経験から

　指導者の使命は、選手がモティベーション高く、課題の発見・解決に向けて取り組むようにコーチングすることです。しかし、私は24年前に名古屋高校に赴任し、38歳で指導し始めたときには、技術を教えることが指導だと思っていました。それも打ち方を教えるのが主で、「なぜその打ち方なのか」「なぜそのドリルをするのか」といった説明をほとんどしていませんでした。

　その後、バイオメカニクス（生体力学）の視点から身体の使い方を説明するようになり、ドリルの目的を戦術から指導するようになりました。ただ、この指導法はティーチングと言われるもので、選手が主体的に課題を発見し、選手自らの解決へと導くコーチングとは違う指導法でした。

　アドバイスについても、私が言いたいタイミングで言いたいことを言っていました。選手からしてみれば、自分が考えていることや、やりたいことを理解しようとしてくれないし、引き出してもくれない指導者でした。

選手が試合をしている途中でも正解が見つかったかのようにアドバイスの内容をまとめていました。試合後には選手の考えや気持ちを聞くことがもっとも大切なのにも関わらず、選手が結果報告に来ると、待ち構えていたかのように一方的にアドバイスをしていました。私が選手に質問をすると、その聞き方では選手は「ハイ」としか答えられないものでした。

後半の10年は、選手が主体的に

考えられるように質問を投げかけ、気づきを促す方法を心がけました。選手が自分の考えをまとめて、自分の責任で課題に取り組むための手助けができたと思います。

選手が話し合いながら練習している光景を見ると、以前なら「もっと早く打ち始めればいいのに」「もっと速く動けるのに」と身体の動きばかりを見ていましたが、部活指導の後半5年ぐらいには、脳がどれだけ活性化しているかという視点で見るようになりました。選手がイキイキと練習をしていると、選手の脳の血流量が多くなっている感じがしました。選手にネガティブな表現が多くなったり、モティベーションが落ちていたりするときには、叱るのではなく、その原因に対して最善の質問、アドバイスをするなどのアプローチをするように心がけました。

初心者の指導や技術指導などは、ティーチングが必要な場面は多いです。ただ、選手が自信を持ち、勝負強い選手に育つには、コーチングの手法は欠かせません。

序章　目標設定

PART 1　初心者が3ヶ月後に大会に出場する

PART 2　1回戦を戦う

PART 3　2、3回戦を戦う

PART 4　トーナメントを勝ち進む

PART 5　全国大会に出場する

PART 6　磨け、自分

3 試合を目標にした 練習メニューの適正負荷

　本書はどのレベルにおいても「試合が目標」です。テニス上達のための練習メニューを77種紹介していますが、それぞれの負荷の設定はどうすればよいのでしょうか。

　練習メニューは適正な負荷量でないと効果が少なくなってしまいます。イチロー選手が小学生のときにバッティングセンターで時速140kmのボールを打っていたという話がありますが、当時、適正負荷がかけられたことによって、イチロー選手にはスピードに対応する能力がつき、ヒットを増産する能力がついたことを示しています。テニスの練習環境に

おいても、例えばチーム内に速いサーバーがいるとリターンがうまくなるというのも同様のことを示しています。

　上達するための負荷の技術要素として、「正確さ」「打点の高さ調整」「移動距離」「動きのスピード」「相手のボールスピード」「自分のスイングスピード」「相手のボールのスピン量」などがあります。

　初心者、初級者では負荷を小さくし、レベルが上がるに連れて負荷を大きくします。上級者では試合よりも大きな負荷をかけるとトレーニング効果が上がります。

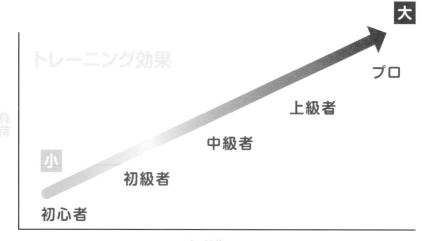

負荷の技術要素の例

正確さ

負荷小 → **コートに入れる** ……………………… （例）半面でラリー
負荷大 → **狭いエリアを狙う** ……………………… （例）アレーでラリー

打点の高さ調整 （グランドストローク）

負荷小 → **腰の高さ** ……………………………… （例）初心者への球出し練習
負荷大 → **膝、肩の高さ** ………………………… （例）タイミングで調整

移動距離

負荷小 → **短い距離** ……………………………… （例）2〜3歩移動してのグランドストローク
負荷大 → **長い距離** ……………………………… （例）10m以上移動してのパス、スマッシュ

動きのスピード

負荷小 → **遅い** …………………………………… （例）近い距離での山なりのボール
負荷大 → **速い** …………………………………… （例）全力疾走でのパス、スマッシュ

相手のボールスピード

負荷小 → **遅い** …………………………………… （例）ボレー＆キャッチ
負荷大 → **速い** …………………………………… （例）ダブルスのボレーボレー練習

自分のスイングスピード

負荷小 → **遅い** …………………………………… （例）山なりラリー
負荷大 → **速い** …………………………………… （例）ベースライン内側でのトップスピンラリー

相手のボールのスピン量

負荷小 → **少ない回転数** ………………………… （例）回転の少ないロブをスマッシュ
負荷大 → **多い回転数** …………………………… （例）回転数の多いロブをスマッシュ

> 実際にはこれらの技術要素が組み合わさって「適正負荷メニュー」となります。
> 例えば、グランドストロークの練習で「30秒間に何往復できるか」というメニューは、
> 正確さ・判断の早さ・動きの速さの技術要素に、時間・回数といった負荷が
> 高いレベルで課せられています。

序章 目標設定

PART 1 初心者が3ヶ月後に大会に出場する

PART 2 1回戦を戦う

PART 3 2、3回戦を戦う

PART 4 トーナメントを勝ち進む

PART 5 全国大会に出場する

PART 6 磨け、自分

4 普及・強化・指導者養成のアイディア
『愛知カラーボールプロジェクト』

　愛知県テニス協会は、子供たちが気軽に参加できる練習会（試合）を多く設定し、ゲームの楽しさを経験する場を増やそうと考えました。2022年度より11の主催団体（民間クラブ・地域クラブ・大学）にて、『愛知カラーボールプロジェクト』を開催していただいています。

　全国のテニススクールの多くは、小学校低学年からカラーボール（レッド、オレンジ、グリーン）のレッスンを週1回、技術中心に指導していますが、その子供たちはやがて試合に参加して力を試したくなります。ところが試合に参加したくてもカラーボールの大会が少なく、9割以上の子供がテニス本来の試合の楽しさを感じることなく、習い事のテニスのまま止めてしまうことが多いのです。『愛知カラーボールプロジェクト』の目標は、参加した子供たちが「また参加したい」「試合に出たい」「テニスってワクワクする」と感じてもらう企画であり、テニスを続ける子供たちを増やすことです。

　日本テニス協会も『TENNIS PLAY & STAY（テニス プレイアンドステイ）』というプログラムのもと、子供たちにできるだけ早い段階でゲーム（サーブ、ラリー、ポイントを取る）の楽しさを伝え、そして中期的に普及、育成の一つの方策として、カラーボール大会の開催に力を入れていく方針を打ち出しています。

愛知カラーボールプロジェクトの開催条件

①日本テニス協会公認指導員、教師、または日本プロテニス協会認定インストラクターが在籍する民間テニスクラブ、地域テニスクラブ、大学で開催されること。

②担当コーチが、愛知県テニス協会が開催する事前研修会（1回）に参加すること。大会時に選手および保護者に10分程度のルール、マナー講習を実施すること。

- 「選手に向けての講習」では、スポーツマンシップ（ルール、審判、相手の尊重）を中心に、選手としての考え方、取るべき態度（グッドルーザー）を伝える。
- 「保護者に向けての講習」では、プレーヤーズセンタードの考え方のもと、選手にもっとも影響を与える立場である保護者に向けて選手との接し方を伝える。

オール愛知ジュニアテニスプロジェクト（2022年版）プレーヤーズセンタード

序章
目標設定

PART 1
初心者が3ヵ月後に大会に出場する

PART 2
1回戦を戦う

PART 3
2、3回戦を戦う

PART 4
トーナメントを勝ち進む

PART 5
全国大会に出場する

PART 6
磨け、自分

"プレーヤーズセンタード"の考え方をもとに地域展開

プレーヤーズセンタードとは、プレーヤーとプレーヤーにかかわる
親・指導者・クラブ・学校などが、ともに成長し、幸福を感じながら
プレーヤーを支えていこうとする考え方です。

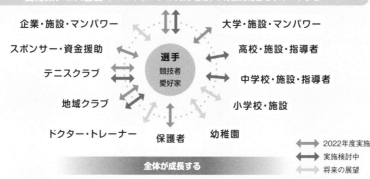

愛知県テニス協会 ｜ アントラージュ（取り巻き）の有機的結合をサポートする

企業・施設・マンパワー　　　　大学・施設・マンパワー
スポンサー・資金援助　　　　　高校・施設・指導者
テニスクラブ　　　　　　　　　中学校・施設・指導者
地域クラブ　　　　　　　　　　小学校・施設
ドクター・トレーナー　　保護者　　幼稚園

選手
競技者
愛好家

全体が成長する

⟷ 2022年度実施
⟷ 実施検討中
⟷ 将来の展望

講習会で伝える「親と選手の接し方」例

　　　自分の息子が5-4、40-30でマッチポイントを迎え、そのマッチ
ポイントのラリーボールが息子側のベースラインに落ちました。親
から見ていると10cm以上アウトでしたが、息子は「アウト」とは
っきりジャッジ（判断）できず、グッドとしてラリーをつなげま
した。息子はそのポイントを落とし、最終的に負けてしまいました。

親の接し方 A

試合後に息子に対し、「マッチポイント
のベースラインのボールは10cm以上ア
ウトだったよ。アウトと言えば勝ってたの
に……」と言いました。息子は自分の
ジャッジが間違っていたと感じ、試合に
負けた悔しさに加え、自分が正しくジャッ
ジできなかった未熟さを感じることでしょう。
そしてその後、同様の場面に臨んだとき
に、息子は親の様子をうかがいジャッジ
（判断）するようになるかもしれません。
自己肯定感を得ることができず、判断を
他者に委ねるようになってしまいます。

親の接し方 B

試合後に息子に対し、「マッチポイントでのベースラインの
ボールのジャッジは難しかったね。はっきりアウトとジャッジで
きないボールはグッドでプレーするというルールがあるから、
プレーを続けたんだね。素晴らしいと思うよ。フェアプレー賞
だね……」と言いました。息子は親の心配をよそに、平然
と「あのボールは入っていたよ」と言うかもしれません。グ
ッドかアウトかの真実はわかりませんが、息子はルールに沿
って自信を持って判断しました。この事実が大切で、セルフ
ジャッジの技術は時間が経てばボールを打つのと同様にレ
ベルアップします。ルールを尊重して、対戦相手を尊重し
て判断したフェアプレー精神は自己肯定感を育み、テニス
以外の場面でも、自分で判断、表現できるようになります。

大切なことは、テニスを通して子供たちが多くのことを学ぶということです。
子供にとってもっとも近い、絶対的な存在である親の考え方は、
子供の成長に大きく影響するということを知っていなければなりません。

おわりに

　私は、高校生でテニスを始め、それ以来大学でもテニス漬けの生活を送り、社会人になっても民間テニススクールで指導をしながら選手生活を続けてきました。その後、健康づくりのためのスポーツクラブの立ち上げに携わり、現在勤務している名古屋高校では、高校生の部活動を20年間指導しました。現在は、愛知県テニス協会でジュニアの普及・強化・指導者育成のお手伝いをさせていただいています。

　これまでテニスに関わる活動をしてきて「テニスの価値」を強く感じる経験がありました。

　1つ目は、テニスを楽しむコミュニティとしての価値です。

　テニススクールの指導は15年間でしたが、私の退職時の送別会でスクール生から感謝状をいただきました。その感謝状には「テニスのおかげで、テニスの楽しさを覚え、仲間ができ、潤いのある人生を送ることができるようになりました」と書いてありました。テニスには人生をイキイキと豊かにする力があると実感したとともに、このときの気持ちが現在もテニスの普及・強化・指導を続ける原動力になっています。

　2つ目は、テニスの教育的価値です。

　高校での部活指導は20年間でしたが、テニス部の活動が教育活動としてたいへん価値あるものだということです。高校入学時には自信なさげにボールを打ち、下を向き、ネガティブな表現を繰り返していた生徒が、日々の取り組み、練習、試合の経験を積み重ねたことで、上級生となり後輩の指導をするようになり、卒業するときには胸を張って、自信と誇りを持った逞しい青年へと成長していきました。

　3つ目も、テニスの教育的価値です。

　現在、愛知県テニス協会で2022年度から実施している「愛知カラーボールプロジェクト」の活動での経験です。このプロジェクトはテニスを習い始めた子供たちに試合を経験してもらい、テニスの楽しさを感じて、続けてもらうための活動です。民間テニスクラブ、地域クラブ、大学で実施しています。

　1日に3試合を経験するようにプログラム。子供たちはドキドキしながら試合に果敢に臨みます。昨秋の、ある民間テニスクラブでの出来事です。1試合目に、セルフジャッジの難しさや対戦相手の主張の強さに押され、負けて泣きながらコーチのところに帰ってきた子供がいました。コーチは、反省点をその子供と共有し、大きな声でジャッジすることと、ポイントを確認するためにスコアをコールすることを約束し、2試合目に送り出しました。その試合は時間がかかり、結果としては惜敗でしたが、子供の表情は満足そうでした。3試合目は勝つことができ、自信満々の笑顔でコーチにスコアを報告していました。

　不安いっぱいで最初の試合を始めた子供が、3試合目には自信に満ちた選手に成長したのです。この指導者のアドバイスは適切で、課題を共有しながら選手の成長を見守る姿勢が選手に自信や自己肯定感を与えたのだと思います。

　これらのテニスの価値を、これからテニスを始める人、始めたばかりの人、上手になりたい人にお伝えし、その人が選手として成長し、イキイキと豊かな人生を送るお手伝いができればこの上ない喜びです。また、保護者、指導者の方が子供たちと接する際の参考になれば幸いです。

　最後に、本書の出版の機会を与えていただいたベースボール・マガジン社、執筆に際しサポートをしていただいた編集部の青木和子さんに心から感謝を申し上げます。

● 著者プロフィール

宮尾英俊 みやお・ひでとし

1960年2月5日生まれ。愛知県出身。筑波大学卒。名古屋鉄道株式会社、（財）スポーツ医・科学研究所を経て、名古屋高等学校教員へ。大学卒業後は企業に勤めながら選手活動も行っていた。名古屋高校ではテニス部監督として全国高校総体で2000、02、03、10年と4度優勝へ導く。現在は同校教員のほか、（公財）日本テニス協会アカデミー委員、東海テニス協会ジュニア委員長を務める。また日本テニス協会のコーチ4および上級教師マスターの資格を保有。その資格者の中で、指導者養成も担う少数精鋭のマスターコーチにも認定されている。

● モデル

名古屋高校テニス部
戸谷彩人（3年）
北根弘基
家合竜佐
安江奏太（以上2年）

● 取材協力

名古屋高校テニス部

● 撮影協力

南山高等・中学校男子部

デザイン／黄川田洋志、井上菜奈美（ライトハウス）、田中ひさえ、藤本麻衣
写　　真／松村真行、BBM、Getty Images

ライバルに差をつけろ！
自主練習シリーズ

テニス

2023年5月31日　第1版 第1刷発行

著　　者／宮尾英俊

発　行　人／池田哲雄
発　行　所／株式会社ベースボール・マガジン社
　　　　　　〒103-8482　東京都中央区日本橋浜町2-61-9 TIE 浜町ビル
　　　　　　電話　　　　03-5643-3930（販売部）
　　　　　　　　　　　　03-5643-3885（出版部）
　　　　　　振替口座　　00180-6-46620
　　　　　　https://www.bbm-japan.com/
印刷・製本／広研印刷株式会社

©Hidetoshi Miyao 2023
Printed in Japan
ISBN 978-4-583-11617-4　C2075